Prof. Dr. Heinz Schilcher · Ralf Hiener

ingwer

Prof. Dr. Heinz Schilcher
Ralf Hiener

ingwer

Gesundheit & Genuss

Fotos von Anne Freidanck

impressum

ISBN 978-3-7750-0542-5
5 4 3 2 | 2011 2010 2009

© 2008, Walter Hädecke Verlag, Weil der Stadt
www.haedecke-verlag.de

Lektorat: Monika Graff, Weil der Stadt
Gestaltung und Satz: Julia Graff, Design & Produktion, Stuttgart
Gesetzt aus der Trade Gothic und der FF Scala
Litho: LUP AG, Hürth
Druck: fgb, Freiburg
Printed in Germany 2009

Für die Bereitstellung des Geschirrs danken wir der Keramikmeisterin Katharina Berzbach, Werkstatt für Porzellan, im Dorf 1, 28870 Fischerhude / Quelkhorn (www.bertzbachporzellan.de).

Bild auf Seite 23: www.istockphoto.com; © Sandra Caldwell

inhalt

ingwer

Arznei und Gewürz
mit Tradition

von Prof. Dr. Dr. h.c. mult. Heinz Schilcher

Arznei- oder Lebensmittel?

Ingwer wird bereits seit dem Altertum sowohl als Gewürz mit »therapeutischem Hintergedanken« als auch als direktes Arzneimittel angewendet. Ob die Zubereitungen aus dem Ingwerwurzelstock als das eine oder andere bezeichnet werden, richtet sich nach ihrer Zweckbestimmung, Anwendung und Dosierung sowie nach den lebensmittel- bzw. arzneimittelrechtlichen Vorgaben.

Der Wurzelstock von *Zingiber officinale ROSCOE* (als Gewürz »Ingwer«, als Arzneidroge »Zingiberis rhizoma« genannt) wird seit Urzeiten weltweit mit großem Erfolg als Lebensmittel und als pflanzliches Arzneimittel genutzt. Nicht nur das breite Anwendungsgebiet in der traditionellen Medizin der unterschiedlichsten Kulturkreise, sondern vor allem die zahlreichen jüngeren pharmakologischen, experimentellen und klinischen Studienergebnisse lassen auf interessante neue therapeutische Aspekte hoffen, sofern »gesetzgeberische Schranken« dies nicht verhindern. Angesichts des relativ guten wissenschaftlichen Erkenntnismaterials ist es erstaunlich, dass bisher nur zwei Indikationsgebiete eine arzneiliche Zulassung erlangt haben: Gegen Symptome der Reisekrankheit (Erbrechen) und gegen Verdauungsbeschwerden. Gewürze mit einem so breiten pharmakologischen Wirkprofil, wie es der Ingwer besitzt, könnten so manches Arzneimittel ersetzen.

Umso erfreulicher ist es, dass auch die gehobene Küche zunehmend Ingwer als Gewürz verwendet und ständig neue, häufig asiatisch inspirierte »Ingwer-Kreationen« erfindet.

Seit Jahrtausenden bewährt

Ingwer ist keineswegs nur ein »Mode-Gewürz« oder eine »Mode-Arzneipflanze«, denn die heutige Verwendung der verschiedenen Ingwerzubereitungen blickt auf eine lange Tradition zurück. Vom Ingwer-Wurzelstock wird bereits in den alten chinesischen und ayurvedischen wie auch in den griechischen und römischen Arzneibüchern sowie in der Sanskrit-Literatur berichtet. Der griechische Arzt DIOSKURIDES (1. Jahrhundert n.Chr.) schreibt in seiner fünfbändigen Arzneimittellehre z. B. über die Wirksamkeit des Ingwers: »Er hat verdauungsfördernde Kraft, regt den Bauch milde an und ist gut für den Magen«. Nach Europa kam der Ingwer vermutlich im 13. Jahrhundert. Alexandria galt lange Zeit als der beste Einkaufsmarkt für den wertvollen Wurzelstock. Ein Pfund war im Mittelalter so viel wert wie ein Schaf.

Ingwer wird in nahezu allen Kräuterbüchern des Mittelalters genannt, z. B. bei HILDEGARD VON BINGEN oder bei PARACELSUS. MATTHIOLUS schreibt 1626 in seinem *Kreutterbuch* »[...] sterckt die deuwung, weycht den Bauch senfftiglich [...] diß sol dem blöden Magen und der schwachen deuwung wol bekommen«. LONICERUS berichtet 1679 in seinem *Kreuterbuch* »Imber ist gantz gut dem bösen Magen, ist gut wieder Wehetun deß Magens und Gedärms, so von Winden kommen und macht wohl dauen«.

Im Jahr 1800 bemerkt F. B. VIETZ in seinem Werk *Icones plantarum medico-oeconomica-technologaricum*: »Imber gegen Schlaffheit des Magens und der Därme [...] besitzt dem Magen zuträgliche Arzneykräfte.«

Der Medizinhistoriker PROFESSOR J. BENEDUM kommt bei seiner Auswertung der zahlreichen Schriften des Altertums und des Mittelalters zu der Schlussfolgerung: »Auszüge aus dem Ingwerwurzelstock wirken appetitanregend, verdauungsfördernd und entblähend.«

In der traditionellen chinesischen Medizin (TCM) zählt Ingwer zu den »heißen« Arzneipflanzen. KONFUZIUS (551 – 479 v. Chr.) aß zu jeder Mahlzeit Ingwer, gleiches galt für den chinesischen Kaiser SHEN NUNG (etwa 2500 v. Chr.). Für den »Gelben Kaiser« war Ingwer eine »königliche Pflanze«. In der islamischen Welt gilt Ingwer zusätzlich als Aphrodisiakum und heilige Pflanze. Im Koran versüßt er den Bewohnern des Paradiesgartens das Dasein. Die Fischer der karibischen Inseln verwenden Ingwer seit Jahrhunderten nicht nur zur Verhütung der Seekrankheit, das Rhizom gilt dort auch als wichtiges magisches Mittel der Schamanen.

Botanik, Herkunft & Inhaltsstoffe

Ingwer gehört zur äußerst artenreichen Familie der Ingwergewächse (lateinisch *Zingiberaceae*), die nicht nur interessante, schöne Blüten besitzt, sondern vor allem durch die zahlreichen Exkretzellen (Einzelölzellen), in denen sich das flüchtige ätherische Öl und die »Scharfstoffe« befinden, charakterisiert ist. Von der rund 50 Arten umfassenden Gattung *Zingiber BOEHM.* wird die Art *Zingiber officinale ROSCOE* sowohl als Arzneimittel als auch als Lebensmittel verwendet. Die zahlreichen Zingiber-Arten verführen natürlich dazu, dass neben der genannten auch noch andere wildwachsende, z. B. *Zingiber zeyrumbet ROSC. ex SM* (Martinique-Ingwer), in den Handel gelangen. Durch phytochemische Analysen, aber auch durch geschmackliche Prüfungen erfahrener »Ingwerexperten«, können diese Arten unterschieden werden.

Die Ingwerpflanze ist zwar in Südostasien heimisch, wird aber aufgrund des großen Bedarfs als Lebens- und Arzneimittel nicht nur dort angebaut, sondern auch in vielen anderen tropischen Gebieten. Dementsprechend befinden sich rund zwölf nach ihrem Herkunftsstandort bezeichnete Handelssorten des Ingwer-Wurzelstocks im Handel.

Wurzel oder Rhizom?

Die im allgemeinen Sprachgebrauch verwendete Bezeichnung »Ingwerwurzel« ist botanisch bzw. pharmazeutisch falsch. Bei dem als Gewürz oder als Arznei verwendeten Pflanzenteil handelt es sich exakt um den gesamten Wurzelstock, also um den unterirdischen Spross der Pflanze, das sogenannte Rhizom.

Als Lebensmittel kommt meist das ganze Rhizom in den Handel, während für arzneiliche Zwecke *Zingiberis rhizoma* laut Europäischem Arzneibuch (Ph. Eur. VI) in Scheiben geschnitten und getrocknet angeboten wird.

Die weitere Aufbereitung des von der Erde befreiten und gewaschenen Wurzelstocks erfolgt je nach Herkunft recht unterschiedlich: Teilweise wird das Rhizom vorsichtig ganz geschält, d. h. von der Korkschicht befreit, oder auch nur teilweise bzw. überhaupt nicht geschält.

Die wichtigsten im Handel befindlichen Ingwer-Sorten:

Australischer Ingwer	Japanischer Ingwer
Bengalischer Ingwer	Kalkutta-Ingwer
Chilenischer Ingwer	Malabar-Ingwer
Chinesischer Ingwer	Martinique-Ingwer
Cochin-China-Ingwer	Westafrikanischer Ingwer
Jamaika-Ingwer	

Auf die Qualität kommt es an

Die unterschiedliche Herkunft und Aufbereitung sowie die ge-
schmacklichen als auch inhaltsstofflichen Unterschiede machen
es für eine Weiterverarbeitung des Rohstoffes zu bestimmten Ingwerzubereitungen – nicht nur im arzneilichen Bereich – notwendig, dass aufwendige Laborqualitätskontrollen (organoleptische
und phytochemische Prüfungen sowie Untersuchungen auf
unerwünschte Rückstände wie Pestizide und Schwermetalle) die
sorgfältige Auswahl des verarbeiteten Rohstoffes garantieren.
Optimal für die Herstellung eines Ingwer-Produkts ist es natürlich, wenn dieses nicht aus irgendeiner Ingwer-Handelssorte je
nach Angebot produziert wird, sondern das Ausgangsmaterial aus
einem exakt vorgegebenen, kontrollierten ökologischen Anbau
stammt, wie dies z. B. bei der Herstellung des Ingwerpresssafts
»Schoenenberger naturreiner Ingwer Pflanzentrunk« der Fall ist.
Auch wenn Ingwer-Lebensmittel die strengen Qualitätsnormen
des Europäischen Arzneibuches gesetzlich nicht erfüllen müssen,
so ist es auf jeden Fall empfehlenswert, nur solche Produkte zu
verwenden, bei denen der Rohstoff nach den Arzneibuchvor-
schriften geprüft worden ist. Bei Unternehmen, die im Wesent-

lichen Phytopharmaka (pflanzliche Arzneimittel) produzieren, sind diese Qualitätskontrollen selbstverständlich, nicht dagegen bei Firmen, die lediglich die vom Lebensmittelgesetz vorgeschriebenen Untersuchungen durchführen.

Vor dem Hintergrund, dass bei einigen Handelssorten das Ingwer-Rhizom mit schwefliger Säure gebleicht bzw. »geschönt« wird und Pestizide beim Ingweranbau eingesetzt werden, sind gerade beim Ingwerwurzelstock als Rohstoff aufwendige Laborkontrollen wichtiger als bei anderen Gewürzen. Es lohnt sich immer bei den Herstellern oder in den Einzelhandelsgeschäften nachzufragen, welche Qualitätskontrollen durchgeführt wurden.

Woher kommt die angenehme Würze und Schärfe? Inhaltsstoffe und deren Nachweis

Für den angenehm aromatischen Geruch und würzigen Geschmack ist das ätherische Öl verantwortlich, das je nach Handelsqualität in einer Menge von 0,6 – 3 % vorkommt. Das Europäische Arzneibuch schreibt einen Mindestgehalt von 1,5 % an ätherischem Öl vor. Laborkontrollen müssen also für reproduzierbare Gehalte an ätherischem Öl garantieren. Das ätherische Öl besteht aus etwa 150 Einzelverbindungen, darunter alpha-Terpineol, Geraniol, Neral und anderen Monoterpene, die z. B. für die blumig-zitronenartige Geruchsnote verantwortlich sind und eine wichtige Rolle in der Aromatherapie spielen. Ein weiterer Hauptgeruchsträger ist das Zingiberol, ein cis-trans-Isomerengemisch des beta-Eudesmols. Das ätherische Öl ist quantitativ je nach Herkunft und Chemotyp sehr unterschiedlich zusammengesetzt und eignet sich daher ganz besonders für die Kontrolle der eingesetzten Rohdroge, sofern man Charge für Charge ein geschmacklich gleichbleibendes Produkt herstellen will.

Die sowohl für den Geschmack als auch für die therapeutische Wirksamkeit wichtigsten Inhaltsstoffe sind die nicht wasserdampfflüchtigen Scharfstoffe, die Gingerole. Sie befinden sich zusammen mit dem ätherischen Öl in den Sekretzellen des Rhizoms. Zu den Scharfstoffen zählen auch die chemisch nahe verwandten Gingerdiole und Gingerdione sowie das Zingeron und Shogaole (abgeleitet vom japanischen Wort »shoga« für Ingwer). Letztere sind besonders scharf, sie entstehen aber erst nach der Ernte des Wurzelstockes aus den Gingerolen, u.a. beim Trocknen, und werden als mehr oder weniger erwünschte Artefakte angesehen. Der Gesamtgehalt an Scharfstoffen liegt je nach Handelssorte und Aufbereitung des Wurzelstockes zwischen 4 %

Es gibt verschiedene Produkte mit und aus Ingwer. Eines davon ist der gebrauchsfertige »Schoenenberger naturreiner Pflanzentrunk Ingwer« (erhältlich im Reformhaus).

und 7,5 % (manchmal gibt es Handelssorten mit lediglich 1 % an Gesamtscharfstoffen).

Neben den genannten organoleptisch (z. B. geschmacklich) und therapeutisch relevanten Scharfstoffen wurden noch über 20 Inhaltsstoffe des Sekundärstoffwechsels identifiziert sowie ca. 5 % Mineralstoffe.

Die vielen Inhaltsstoffe tragen nicht nur zum Geschmack und Geruch bei, sie sind auch von therapeutischer Bedeutung. Eine phytochemische Gesamtanalyse* kann hier Klarheit geben, zumal der Shogaolgehalt sehr stark von der weiteren Aufbereitung des Rhizoms nach der Ernte abhängt.

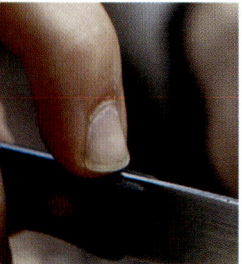

Ingwerzubereitungen

Geriebener, frischer Ingwerwurzelstock Kleine Mengen können den Geschmack von Suppen, Salaten und Saucen sowie vielen anderen Lebensmitteln sehr wesentlich beeinflussen.

Frischpflanzen-Presssaft Das ist der gebrauchsfertige Ingwer-Pflanzentrunk aus dem Ingwerwurzelstock. Er unterscheidet sich von einem einfachen Teeaufguss dadurch, dass er auch eine bestimmte Menge an ätherischem Öl enthält. Gegenüber dem Tee riecht und schmeckt er aromatischer und ist dabei noch wirksamer.

Ingwerpulver Der getrocknete, gepulverte Ingwerwurzelstock (z. B. in Kapseln in einer Einzeldosierung von mindestens 250 mg Pulver) ist eine moderne phytotherapeutische Anwendungsform. Die Kommission E (eine Sachverständigenkommission des Bundesinstituts für Arzneimittel und Medizinprodukte/BfArM) schreibt

---

* Das Fingerprint-Chromatogramm kann mittels Hochdruck-Flüssigkeitschromatografie Ingwer (Ausgangsrohstoff und Fertigprodukt) auf abweichende Zusammensetzungen der Inhaltsstoffe rasch und sicher überprüfen. Solche Kontrollen – für Lebensmittel sonst nicht üblich – garantieren Wirksamkeit, Unbedenklichkeit und einen weitgehend gleichen Geschmack eines Produkts.

in ihrer Monografie für therapeutische Zwecke 2 – 4 g als Tagesdosis vor.

Ingwertee aus frischem Ingwerwurzelstock oder aus grob gepul-
verter Droge** (*Zingiberis rhizoma*) ist seit alters
her ein Hausgetränk: Dazu ca. 0,1 – 1 g frisches
oder getrocknetes Rhizom mit heißem Wasser
übergießen und rund 5 Minuten zugedeckt
ziehen lassen. Am schnellsten und ein-
fachsten und zudem immer gleichmäßig
dosiert wird Ingwertee mit Hilfe von
Ingwerteeaufgussbeuteln   hergestellt.
Bei Filterbeuteln ist ein guter Übergang
der Wirkstoffe aus dem Wurzelstock in
den Teeaufguss gewährleistet.

Ingwertinktur nach der Vorschrift des
Deutschen Arzneimittelkodex (DAC)
ist   ebenfalls   für   therapeutische
Zwecke geeignet. Je nach Indikation nimmt man davon mehrmals
täglich 20 – 30 Tropfen vor den Mahlzeiten ein.

Äußerliche Anwendung Für Kompressen und Packungen sowie zur
Herstellung von Bädern verwendet man Ingwerrhizom-Pulver
oder die DAC-Ingwertinktur. Die äußerliche Anwendung ist ähnlich derjenigen der capsaicinhaltigen Chilischote (*Capsicum frutes-
cens*, Cayennepfeffer), wobei Ingwerkompressen und Packungen
zeitlich länger angewendet werden können als dies bei Cayenne-
pfefferextrakten möglich ist.

Ätherisches Ingweröl Es spielt in der Aromatherapie sowohl als Ein-
zelöl als auch in Ätherischöl-Mischungen ein sehr große Rolle.

** »Droge« ist der Fachausdruck für getrocknete Arzneipflanzen.

Ingwer als Lebensmittel

Ingwer wird Lebensmitteln aus unterschiedlichen Gründen zugegeben. Zum einen soll der frische oder getrocknete Ingwer die betreffenden Lebensmittel geschmacklich aromatischer, schärfer und interessanter machen. Dabei sollen die Geschmacksnerven auf dem Zungengrund durch die Scharfstoffe stimuliert bzw. gereizt werden. Praktiziert wird dies bei Suppen, z. B. passt die Zugabe von wenig frischem Ingwer trefflich zu einer Karottensuppe, ferner in Gewürzmischungen für Saucen sowie in Fruchtsalaten, Eiscremes, Schokolade und vielen anderen Lebensmitteln. Dementsprechend sind in Spezial-Gewürzläden teilweise über 60 Gewürzmischungen erhältlich, die unterschiedliche Mengen an getrocknetem Ingwerpulver enthalten.

Bereits der römische Feinschmecker und Kochbuchautor MARCUS GAVIUS APICIUS (ca. 25 n. Chr.) würzte Fleischgerichte, gefülltes Huhn, Erbsen- und Bohnenpüree u. a. mit frisch geriebenem Ingwer und aus den Küchen Asiens ist er nicht wegzudenken. Eine spannende Fortsetzung bzw. Erweiterung der bereits im Altertum bekannten Gerichte mit Ingwer zeigt Ralf Hiener, ein äußerst kreativer Koch, in den Rezepten dieses Buches.

Ingwer würzt nicht nur fantastisch, er dient in Lebensmitteln auch der Anregung der Verdauungssäfte (z. B. wenn man einen Ingwer-Frischpflanzen-Presssaft nach den Mahlzeiten zu sich nimmt) und der Appetitanregung (z. B. wenn man 5 ml »Schoenenberger Ingwer Pflanzentrunk«, erhältlich im Reformhaus, vor den Mahlzeiten als Aperitif genießt). Bei gestressten Menschen beruhigt Ingwer-Presssaft den Magen – nicht von ungefähr sagt man ja, dass Ärger und Stress »auf den Magen schlagen« – und regt gleichzeitig auch noch die Magentätigkeit an.

Die alten Griechen und Römer nutzten die verdauungsfördernden Eigenschaften des Ingwers nach üppigen Gelagen und in so gut wie jeder asiatischen Gewürzmischung ist Ingwer enthalten, sodass bei deren Verwendung eine Ergänzung mit Verdauungsenzymen in der Regel nicht notwendig ist. Der tägliche Konsum kleiner Mengen Ingwer als Lebensmittel ist in etwa vergleichbar mit dem täglichen Genuss von Gelbwurz-Tee (Curcuma-), wie er in Indonesien üblich ist. Nach Meinung namhafter Gastro-Enterologen sind mehrere Tassen Curcuma-Tee, anstelle von Schwarztee, dafür verantwortlich, dass in Indonesien weit weniger Gallen- und Lebererkrankungen vorkommen als in Europa.

Man kann sich der Einschätzung des chinesischen Kaisers SHEN NUNG anschließen, dass der regelmäßige Verzehr kleiner Mengen Ingwer den gesunden Menschen vor Krankheiten bewahrt und seine Lebenskraft stärkt. Einschränkend muss man sagen, dass dies nicht für Patienten gilt, die unter akuter oder chronischer Gastritis leiden.

Ingwer als Arzneimittel

Bei der therapeutischen Anwendung des Ingwerrhizoms und dessen Zubereitungen kann man ebenfalls eine Zweiteilung vornehmen. Zum einen die traditionelle Anwendung seit der Antike – insbesondere im asiatischen Raum –, zum anderen die Anwendung im Sinne der rationalen Phytotherapie, basierend auf zahlreichen jüngeren experimentellen, toxikologischen und klinischen Studien zum Nachweis der Wirksamkeit und Unbedenklichkeit.

Traditionelle Anwendung

Ingwerwurzelstock-Zubereitungen besitzen in der traditionellen chinesischen Medizin (TCM) sowie in der indischen Ayurveda-Medizin (das Sanskritwort für Ingwer ist »sringavera«) ein breites Anwendungsprofil, das allerdings zum größten Teil noch nicht durch jüngere Studien im Sinne der rationalen Phytotherapie bestätigt werden konnte.

In der TCM werden dem Ingwerrhizom – neben der in der modernen Phytotherapie ausreichend nachgewiesenen Wirkung, dass es den Brechreiz beruhigt – noch weitere Eigenschaften zugesprochen: antiasthmatisch, gegen Durchfall wirkend, blutstillend, herztonisierend und schleimlösend sowie gegen Migräneattacken hilfreich. Auch über die Behandlung von Menstruationsbeschwerden wird in der TCM berichtet.

Frischer Ingwer wird in der TCM als brechreiz- und hustenreizstillendes sowie schweißtreibendes Mittel verwendet.

In der Ayurveda-Medizin wird Ingwer zusammen mit schwarzem Pfeffer und langem Pfeffer (Piper longum) in der Gruppe der »drei Scharfen« zusammengefasst und bei rheumatischen Beschwerden und Entzündungen sowie als alkoholischer Auszug zu Einreibungen bei grippalen Gliederschmerzen und zur Behandlung übelriechender Wunden verwendet.

In der europäischen Volksmedizin wird Ingwer seit dem Mittelalter als appetitanregendes, magenstärkendes, blähungstreibendes und verdauungsförderndes pflanzliches Arzneimittel eingesetzt, aber auch als Durchfallmittel bei Sommerdiarrhoe oder als Mund- und Gurgelwasser bei Zahnfleisch- und Mundschleimhautentzündungen sowie zur Förderung des Eintritts der Monatsregel und als Hustenmittel.

Mit Ausnahme der klinisch und experimentell gut belegten Wirksamkeit von Ingwerwurzelstock-Zubereitungen bei sogenannten dyspeptischen Beschwerden wie Appetitlosigkeit und schlechter Magenverdauung sowie zur Linderung und Vorbeugung der Beschwerden wie Übelkeit und Erbrechen bei Kinetosen (Reisekrankheit) sowie nach Operationen konnten die übrigen, volksheilkundlichen Anwendungen bisher nicht durch wissenschaftliche Untersuchungen belegt werden, auch wenn manche aufgrund experimenteller Daten plausibel erscheinen.

Wissenschaftlich erwiesene Wirkungen

Ingwer und die daraus isolierten Ingwerinhaltsstoffe zeigen ein breites pharmakologisches Wirkungsspektrum. Es würde den Rahmen dieses Buches sprengen, die rund 23 nachgewiesenen pharmakologischen Effekte komplett aufzuführen. Wir beschränken uns daher auf die vom Bundesinstitut für Arzneimittel und Medizinprodukte (BfArM) zugelassenen Ingwer-Phytopharmaka. Weiterführende Informationen bieten die im Literaturverzeichnis angegebenen Titel (siehe Seite 95), gleiches gilt für eine Übersicht der klinischen Studien mit Ingwerzubereitungen.

Gut gegen Brechreiz Nachgewiesen ist die *antiemetische (brechreizdämpfende)* Wirkung. Hierzu kennt man weitgehend auch den Wirkmechanismus (Anmerkung Seite 22).* Es kommt zur Dämpfung autonomer Zentren im zentralen Nervensystem, ohne dass dabei das Gleichgewichtsorgan des Ohres direkt beeinflusst wird, das üblicherweise z. B. bei der »Seekrankheit« die Daten an unser Gehirn liefert, die dazu führen können, dass einem schlecht wird.

Die Ingwerscharfstoffe werden gut und rasch resorbiert und sind im Vergleich zu den in der Schulmedizin gegen Erbrechen eingesetzten Mitteln die deutlich nebenwirkungsärmere Alternative. Dies hat sich in den Kliniken leider noch nicht herumgesprochen, auch scheint dort nicht bekannt zu sein, dass die infrage kommenden Ingwerscharfstoffe problemlos die Blut-Hirn-Schranke überwinden. Ein Versuch würde sich zumindest aus wissenschaftlicher Sicht lohnen.

Gut für den Magen Relativ gut belegt ist auch die *gastrointestinale* Wirkung. Beide Inhaltsstoffgruppen des Ingwers beeinflussen im Sinne einer besseren »Magenverdauung« und »Magenberuhigung« nicht nur das Zentralnervensystem**, sondern auch eine direkte Kontraktion der glatten Muskulatur des Verdauungstraktes. Es liegt also ein therapeutisch interessantes duales Wirkprinzip vor, das bei chemisch-synthetischen Arzneistoffen so nicht bekannt ist. Zudem kommt es zu einer Speichel- und Magensaftsekretion, die bereits reflektorisch durch die Scharfstoffwirkung auf die Wärmerezeptoren in der Mundschleimhaut ausgelöst wird. Experimentelle Untersuchungen konnten zudem nachweisen,

---

* Die zunächst mit einer D2-Rezeptorblockade in Verbindung gebrachte Wirkung wird durch jüngere Studien als ein serotonin-antagonistischer Zusammenhang an den 5-HT3-Rezeptoren (5-Hydroxy-tryptamin) angesehen. Ingwer wirkt ähnlich wie die chemisch-synthetischen 5-HT3-Antagonisten, die sog. Setrone (z. B. Dolasetron oder Tropisetron), die in der Allopathie als die Mittel der Wahl bei Erbrechen eingesetzt werden, das durch die Einnahme von Zytostatika (in der Krebstherapie eingesetzte Mittel, die das schnelle Zellwachstum hemmen) hervorgerufen wird.

** Genauer: das zentralnervöse adrenerge – also das auf Adrenalin ansprechende – System.

dass Ingwerzubereitungen die gastrointestinale Transitzeit (also die Dauer, in der Nahrungsmittel in den Verdauungsorganen verbleiben) beschleunigen können und damit ein Völlegefühl nach üppigen oder schwer verdaulichen Speisen verhindern. Dies ist in der TCM und Ayurveda-Medizin längst bekannt und im Altertum wussten schon die Römer und Griechen dies nach ihren Festmahlzeiten zu nutzen.

Gut gegen Entzündungen Wissenschaftlich untersucht ist auch die *antiphlogistische* (entzündungshemmende) Wirkung ethanolischer Ingwerzubereitungen, die beispielsweise zur äußeren Anwendung bei rheumatischen Beschwerden gut genutzt werden kann. Die Wirkstoffe des Ingwers hemmen im Vergleich zu synthetischen Arzneimitteln *** auf natürliche Weise die im Körper vorhandenen Enzyme (Cyclooxigenase und Lipoxigenase), die für den Entzündungsvorgang verantwortlich sind.

*** In verschiedenen Entzündungsmodellen konnte im Vergleich zu nicht-steroidalen Entzündungshemmern und Kortikosteroiden eine Hemmung der Cyclooxygenase und der 5-Lipoxygenase sowie eine Förderung der Prostacyclin-Biosynthese nachgewiesen werden. In-vitro-Untersuchungen zeigten, dass sowohl lipophile als auch hydrophile Ingwerextrakte dosisabhängig die Prostaglandin- und Thromboxan-Biosynthese hemmen können!

Gut für das Herz Noch nicht ausreichend sind derzeit die wissenschaftlichen Daten für eine cholesterolsenkende Wirkung sowie für eine dosisabhängige positive Wirkung am Herzmuskel von Ingwerinhaltsstoffen. Eine Studie belegt, dass unter dem Einfluss vor allem der Scharfstoffe des Ingwers das Herz langsamer, aber kräftiger schlägt, während der Blutdruck durch die Weitung der Gefäße um 10 – 15 % sinkt und somit das Herz entlastet. Bluthochdruckpatienten können ihr chemisch-synthetisches Antihypertonikum jedoch nicht einfach durch Ingwer ersetzen. Sie können jedoch zusätzlich positiv unterstützend Ingwerzubereitungen wie Ingwertee, Ingwer-Frischpflanzen-Presssaft und in Maßen auch Ingwerschokolade und kandierten Ingwer als nützliche Lebensmittel verzehren. Auf die Bedeutung von Ingwer auf das Herz-Kreislauf-System und die Durchblutung hat bereits in den 1970er-Jahren Prof. H. Glatzel, der »Gewürz- Papst«, hingewiesen.

Jüngeren Berichten zufolge kann es nach einem Konsum höherer Mengen Ingwer zu einer unerwünschten Wechselwirkung mit Marcumar® kommen. *

---

* Marcumar®- bzw. Phenprocoumon-Patienten müssen nicht völlig auf den Genuss bzw. die Einnahme von Ingwer verzichten. Sie sollten lediglich durch engmaschigere Messungen des Quick- bzw. INR-Wertes ihre individuellen Werte nach Ingwerverabreichung überprüfen.

Hilfreich bei Herpes Ätherisches Ingweröl wirkt gegen Herpesviren, was in einer im Jahre 2007 publizierten mikrobiologischen Untersuchung eindrucksvoll festgestellt wurde. Hier war ätherisches Ingweröl gegenüber Acyclovir-resistenten Herpes-simplex-Viren vom Typ 1 (HSV 1) wirksam.

Ausführliche toxikologische Untersuchungen zeigen, dass sowohl die verschiedenen Ingwerextrakte als auch das ätherische Ingweröl bei bestimmungsgemäßem Gebrauch (bis zu 4 g getrockneter Wurzelstock) keine unerwünschten Nebenwirkungen aufweisen.

Andere Wirkungen Widersprüchlich ist die momentane Diskussion hinsichtlich einer Gefährlichkeit von Ingwerinhaltsstoffen, die bisher nur bei extrem hohen Dosierungen von isolierten Ingwerstoffen in methodisch umstrittenen Versuchen beobachtet wurde (krebserregend, Mutationen auslösend und Erbinformationen schädigend). Andere Untersuchungen belegten wiederum eine Antitumor-Aktivität, die aus methodischen Gründen jedoch ebenso kritisch bewertet werden muss. Zum heutigen Zeitpunkt kann daher keine Aussage hinsichtlich einer Wirkung gegenüber Krebszellen getroffen werden.

Therapeutische Nutzung* von Ingwerzubereitungen

Die Monografien der Kommission E, ESCOP** und WHO*** weisen Ingwerzubereitungen als geeignetes pflanzliches Arzneimittel zur Verhütung der Symptome der *Reisekrankheit* aus. Die Wirksamkeit ist seit vielen Jahren von der Seefahrt her bekannt und in mehreren experimentellen Kinetosenstudien mit dem Drehstuhl-Modell sowie in einigen unkontrollierten und kontrollierten klinischen Studien gegen Placebo und Dimenhydrat eindeutig belegt. Bei den meisten Studien wurde getrocknetes Ingwerwurzelstockpulver (Zintona® mit 250 mg Pulver / Kapsel) verabreicht. Die Kommission E empfiehlt eine Tagesdosis von 2 – 4 g. Die ESCOP-Monografie sieht 0,5 – 2 g gepulverten Ingwerwurzelstock vor, auch für Kinder ab 6 Jahre.

Die ESCOP-Expertenkommission, wie auch die WHO, empfehlen Ingwerzubereitungen nicht nur zur Prophylaxe der Reisekrankheit, sondern auch als Antiemetikum (= *Brechreiz* verhinderndes Arzneimittel) nach chirurgischen Eingriffen sowie gegen *Schwangerschaftserbrechen*. Als Einzeldosis empfiehlt die ESCOP-Monografie bei Schwangerschaftserbrechen**** 57 mg Ingwerpulver.

---

* im Sinne rationaler Phytotherapie: als »well established used herbal medicinal product«

** ESCOP: European Scientific Cooperative on Phytotherapy

*** WHO: World Health Organisation

**** Die Diskussion über die Anwendung ist hier äußerst kontrovers. Die in der Monografie der Kommission E veröffentlichte Kontraindikation basiert auf einem randomisierten, doppelblind Cross-over-Versuch an nur 30 schwangeren Frauen, der eine Anwendung bei Hyperemesis gravidarum (Schwangerschaftserbrechen) aus theoretischen Sicherheitsgründen nicht zulässt. In Deutschland verlangen das BfArM und die Kommission E noch umfangreichere Untersuchungen. Die ESCOP-Kommission (der europäische Dachverband) ist hier anderer Meinung und erlaubt bis zu 2 g getrockneten Ingwerwurzelstock täglich,

Ein weiteres Anwendungsgebiet sind gemäß der ESCOP-Monografie *funktionelle dyspeptische Beschwerden* wie Schmerzen im Oberbauch, Appetitlosigkeit, Blähungen, Völlegefühl, Übelkeit, Motilitätsstörungen wie verzögerte Weitergabe der Nahrung im Magen vom Fundus (Teil des Mageneingangs) zum Antrum (Teil des Magenausganges unmittelbar vor dem Pförtner) usw.

Zugelassene Fertigarzneimittel für dieses Anwendungsgebiet sind als Monopräparate zurzeit nicht erhältlich. Wässriger Ingwerauszug ist in dem Kombinationspräparat Gallexier® Kräuterbitter Tonikum, ätherisches Ingweröl ist in dem Kombinationspräparat Gastrysat® Bürger flüssig sowie in einigen Melissengeistern enthalten. Bei dyspeptischen Beschwerden kann aber auch auf den Ingwerteeaufguss oder die DAC-Ingwertinktur (in der Apotheke erhältlich) als Arzneimittel zurückgegriffen werden. *****

Ingwertee Pro Tasse einen Teelöffel grob gepulverten Ingwer mit ca. 250 ml heißem Wasser übergießen, 5 – 10 Minuten ziehen lassen und danach abseihen. Man sollte vor jeder Mahlzeit 1 Tasse Ingwertee trinken.

Ingwertinktur Von der DAC-Ingwertinktur 20 Tropfen in 1/2 – 1 Glas körperwarmes Wasser geben und etwa 1/2 Stunde vor den Mahlzeiten einnehmen.

---

aufgeteilt in 5 Portionen und unter Aufsicht einer qualifizierten Person des Gesundheitswesens. In der TCM zählt die Gabe von Ingwer bei Schwangerschaftserbrechen zu den Hauptanwendungsgebieten!

***** Bei diesen Beschwerden kann man auch auf den Ingwerfrischpflanzenpresssaft zurückgreifen, der kein Arzneimittel ist, sondern als Aperitif (Lebensmittel) verwendet wird: 5 – 10 ml »Schoenenberger naturreiner Ingwer Pflanzentrunk« vor den Mahlzeiten.

rezepte

von Ralf Hiener

mengen, abkürzungen, maße

Msp. – Messerspitze

TL – Teelöffel

EL – Esslöffel

g – Gramm

kg – Kilogramm (1000 g)

ml – Milliliter (1/1000 Liter)

cl – Zentiliter (1/100 Liter)

dl – Deziliter (1/10 Liter)

cm – Zentimeter (1/100 Meter)

gestr. – gestrichen

Alle Rezepte, wenn nicht anders vermerkt, gelten für 4 Personen. Die Temperaturangaben beziehen sich auf die Zubereitung in einem normalen Elektroofen mit Ober- und Unterhitze, soweit nicht anders angegeben.

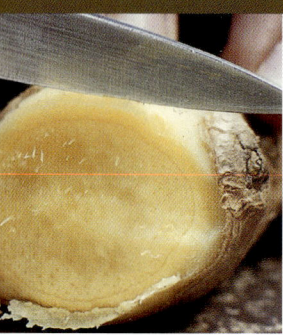

1,2 kg frischer Ingwer
300 ml Wasser
600 g Vollrohrzucker

kandierter ingwer

1 · Ingwer schälen und in feine Scheiben schneiden (wenn möglich mit einem scharfen Hobel). Wasser zum Kochen bringen, 100 g Vollrohrzucker und Ingwer unter ständigem Rühren erhitzen. Wenn der Siedepunkt erreicht ist, von der Herdplatte nehmen und über Nacht stehen lassen.

2 · Am nächsten Tag den Ingwer aus dem Sirup schöpfen und beiseitestellen. Den Sirup erneut erhitzen. 100 g Vollrohrzucker und den Ingwer hinzufügen und unter Rühren erhitzen, aufkochen lassen, vom Herd nehmen und über Nacht stehen lassen. Diesen Vorgang weitere 4 Tage mit jeweils 100 g Zucker wiederholen, dann den Ingwer herausschöpfen, auf ein feines Gitter legen und abkühlen lassen.

3 · Anschließend den Ingwer in ein passendes Schraubglas füllen.

Tipps:
Den übriggebliebenen Sirup kann man zum Süßen von Tee oder zum Backen verwenden.
Kandierten Ingwer am besten in einem geschlossenen Glas an einem kühlen Ort aufbewahren. Er ist sehr lange haltbar und für zahlreiche Zubereitungsarten verwendbar.

asia-pesto

1 · Korianderblättchen hacken, Schale der Limetten abreiben und Saft auspressen. Ingwer und Knoblauch mit den Chilischoten hacken.

2 · Cashewkerne zugeben und alle Zutaten im Mörser zerstoßen, nach und nach die beiden Öle hinzufügen. Mit Salz abschmecken und in Schraubgläser abfüllen.

**2 Bund Koriandergrün
(etwa 100 g)
1 unbehandelte Limette
20 g frischer Ingwer,
    geschält
1 Knoblauchzehe, geschält
2 rote Chilischoten, halbiert
    und entkernt
100 g gesalzene Cashew-
    kerne, geröstet
70 ml Olivenöl
4 EL dunkles Sesamöl*
Meersalz**

Tipps:
Die Paste ist gekühlt einige Wochen haltbar.
Sie können diese Paste für Nudelgerichte verwenden oder zu gegrilltem Fisch oder Fleisch servieren.

* Dunkles Sesamöl wird aus gerösteten Sesamsamen hergestellt und hat einen kräftigen Sesamgeschmack im Gegensatz zum ebenfalls erhältlichen hellen, nativen Sesamöl, das ein mildes Nussaroma hat.

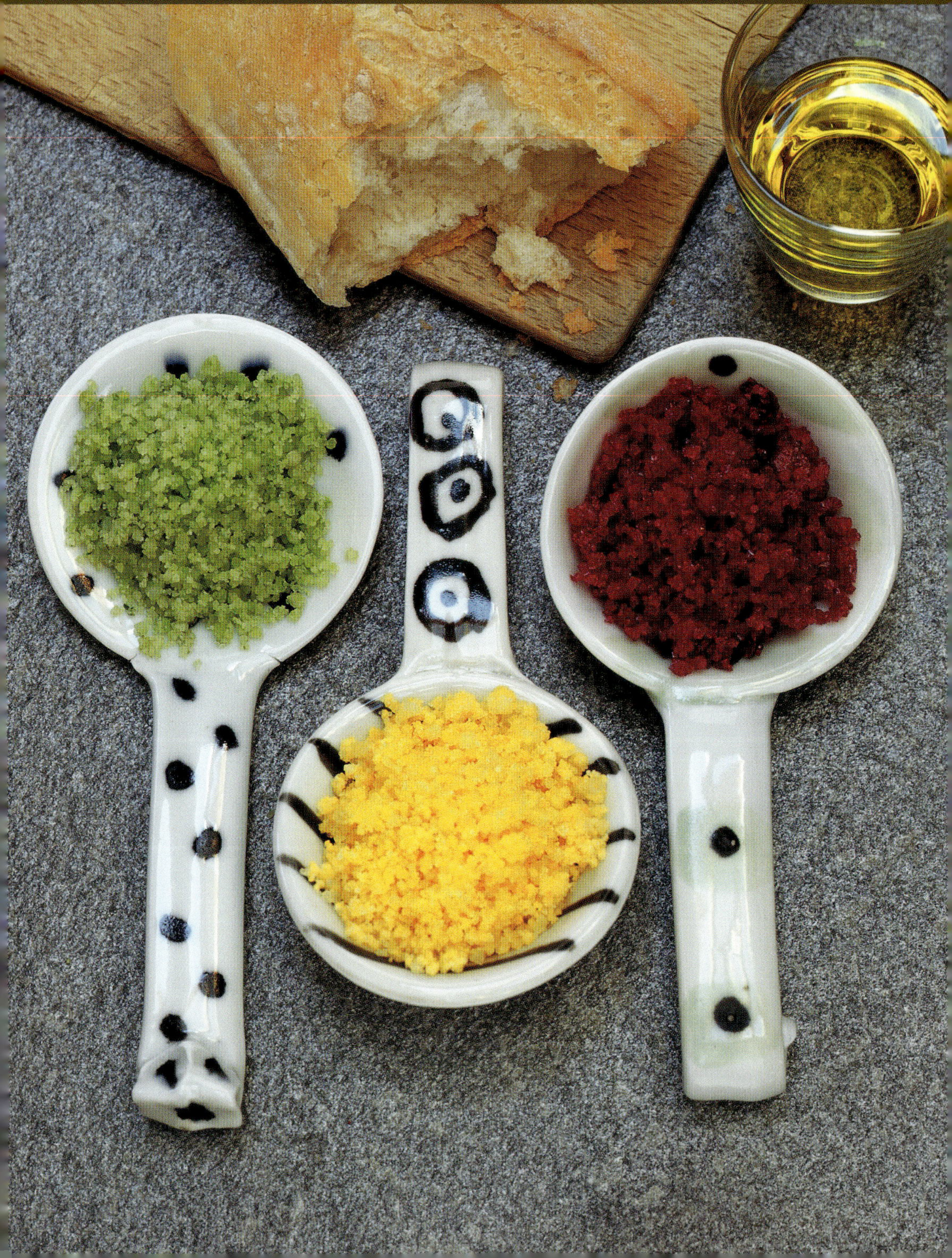

aromasalze mit ingwer

ca. 50–60 g frischer
Ingwer, geschält (Menge
nach Geschmack)
500 g grobes Meersalz

ingwersalz

Dieses Salz ist genau das Richtige für Ingwerfans. Die scharfe Würze lässt sich durch die Zugabe von etwas Cayennepfeffer oder Chili noch deutlich erhöhen.

1 · Ingwer fein reiben und gemeinsam mit dem Salz in einer Küchenmaschine mixen, sodass sich der Ingwer gut mit dem Salz verbindet.

2 · In ein passendes Gefäß füllen, gut verschließen und kühl lagern.

4 dl fruchtiger Rotwein
1 dl Ingwerpresssaft
500 g grobes Meersalz
ca. 50–60 g frischer
Ingwer, geschält (Menge
nach Geschmack)

rotwein-ingwersalz

Dieses Salz eignet sich besonders für Kurzgebratenes oder Gegrilltes, insbesondere zu Rindfleisch oder Wild.

1 · Den Rotwein stark reduzieren, bis eine sirupartige Konsistenz entsteht. Den Ingwersaft zugeben und nochmals etwas einköcheln lassen, anschließend abkühlen.

2 · Den entstandenen Sirup mit dem Salz sowie fein geriebenem Ingwer mischen, anschließend im Backofen bei etwa 60–70°C etwa 30 Minuten trocknen, wobei das Salz etwas feucht bleiben soll.

3 · In ein passendes Gefäß füllen, gut verschließen und kühl lagern.

kräuter-ingwersalz

Dieses Salz ist wunderbar würzig und praktisch universell einsetzbar.

ca. 50–60 g frischer
  Ingwer, geschält (Menge
  nach Geschmack)
50 g fein geschnittene
  Küchenkräuter wie
  Petersilie, Kerbel,
  Estragon, Basilikum usw.
500 g grobes Meersalz

1 · Den Ingwer fein reiben und gemeinsam mit den Kräutern und dem Salz in einer Küchenmaschine mixen, sodass sich alle Zutaten gut mit dem Salz verbinden.

2 · In ein passendes Gefäß füllen, gut verschließen und kühl lagern.

zitrus-ingwersalz

Dieses Salz ist erfrischend und passt hervorragend zu gegrillten Meeresfrüchten aller Art.

ca. 50–60 g frischer
  Ingwer, geschält (Menge
  nach Geschmack)
Schalenabrieb von 3
  unbehandelten Zitronen,
  alternativ: Orangen
500 g grobes Meersalz

1 · Den Ingwer fein reiben und gemeinsam mit der geriebenen Zitronenschale und dem Salz in einer Küchenmaschine mixen, sodass sich alle Zutaten gut mit dem Salz verbinden.

2 · In ein passendes Gefäß füllen, gut verschließen und kühl lagern.

Tipp:

Achten Sie bei der Auswahl des Salzes darauf, dass dieses recht trocken ist und keinerlei chemische Zusätze wie z. B. Rieselhilfen enthält. Alle Aromasalze eignen sich als Tischsalze, serviert in Schälchen mit einem kleinen Holzlöffel. Mit frisch gebackenem Weißbrot und gutem Olivenöl sind sie ein farbenfroher, würziger Beginn eines Menüs oder die Begleitung zu einem Weinabend. Diese Salze niemals zum Kochen benutzen, immer für gegarte Gerichte als Würze bei Tisch verwenden.

thai-gewürzpaste mit ingwer und curry

½ unbehandelte Zitrone
3 grüne Chilischoten
50 g frischer Ingwer, geschält
3 Knoblauchzehen, geschält
2 Schalotten, geschält
1 TL weiße Pfefferkörner
1 TL Kardamompulver
2 TL Currypulver
½ TL Kreuzkümmelpulver
½ TL Meersalz

1 · Zitronenschale abreiben. Chilischoten mit Kernen klein hacken. Ingwer, Knoblauch und Schalotten sehr fein würfeln.

2 · Die festen Bestandteile im Mörser zu einer Paste verreiben. Nach und nach die Gewürzpulver und das Salz hinzufügen, ganz am Schluss die Zitronenschale untermengen.

3 · Gewürzpaste in ein verschließbares Glas füllen, etwas Sonnenblumenöl aufgießen, damit die Oberfläche luftdicht verschlossen ist. Die Paste lässt sich im Kühlschrank über eine lange Zeit aufbewahren.

Tipp:
Mit dieser scharfen Paste würzen Sie am besten kurz gebratenes Fleisch oder Garnelen. Dazu klein geschnittenes Fleisch bzw. Garnelen im Wok anbraten, rohe Gemüsestifte zugeben und mit der Paste, je nach Geschmack, würzen.

340 g frische Cranberrys,
   alternativ:
   200 g getrocknete
2 säuerliche Äpfel
50 g frischer Ingwer,
   geschält
75 g Zucker
5 cl Apfelessig
2 EL Zitronensaft
2 EL Ingwerpresssaft
1 EL Dijonsenf
Meersalz und weißer Pfeffer,
   frisch gemahlen

Tipp:
Eine wunderbare Beilage zu
aromatischem Käse oder zu
Gepökeltem!

cranberry-apfel-chutney mit ingwer

1 · Frische Cranberrys kalt abspülen und in einem Sieb abtropfen lassen. Getrocknete Cranberrys für 10 Minuten in heißem Apfelsaft ziehen lassen und anschließend auf einem Tuch trocken legen.

2 · Äpfel schälen, entkernen und würfeln. Ingwer ebenfalls fein würfeln.

3 · Zucker in einer Bratpfanne schmelzen und hellbraun karamellisieren. Ingwer dazugeben und sofort mit dem Essig, Zitronen- und Ingwersaft ablöschen. Die Äpfel und Cranberrys dazugeben und alles zum Kochen bringen. So lange kochen bis die Cranberrys aufplatzen und der Zucker sich aufgelöst hat.

4 · Den Senf unterrühren, mit Salz und Pfeffer würzen und noch heiß in Schraubgläser füllen.

ananas-rosinen-chutney mit ingwer

1 frische Ananas, etwa 1 kg
1 TL Meersalz
2 Knoblauchzehen, geschält
30 g frischer Ingwer,
    geschält
200 g Rosinen
5 dl Weißweinessig
5 cl Ingwerpresssaft
120 g brauner Zucker
1 Prise Cayennepfeffer

Tipp:
Gut verschlossen hält sich das fruchtig-scharfe Chutney einige Monate. Es passt am besten zu gebratenem Geflügel.

1 · Die Ananas schälen und den Strunk entfernen. Das Fruchtfleisch anschließend in grobe Stücke schneiden. Mit dem Salz bestreuen und etwa eine Stunde ziehen lassen.

2 · Dann das Fruchtfleisch mit Knoblauch und Ingwer im Mixer pürieren. Das Püree mit Rosinen, Essig, Ingwersaft, Zucker und Cayennepfeffer bei milder Hitze zu einem dicklichen Brei einkochen, dabei öfter umrühren. Mit Salz abschmecken und noch heiß in Gläser füllen.

mango-ingwer-chutney

1 · Eine möglichst große, reife Mango schälen und das Fruchtfleisch vom Kern schneiden. Mangofleisch würfeln und in einen Topf geben.

2 · Ingwersaft und braunen Zucker zufügen, mit Meersalz, fein geschnittenem Ingwer und den Pfefferkörnern würzen. Zimtstangen und Lorbeerblätter hinzufügen, anschließend mit einer Prise Cayennepfeffer würzen.

3 · Unter gelegentlichem Rühren das Mango-Chutney kurz aufkochen und dann ca. 40 Minuten auf niedrigster Temperatur ohne Deckel köcheln lassen. Dabei hin und wieder umrühren. Das Mango-Chutney ist fertig, wenn alle Mangostückchen weich gekocht sind und die Sauce leicht dicklich wird. Das Chutney noch heiß in Schraubgläser füllen.

1 vollreife Mango
5 cl Ingwerpresssaft
80 g brauner Zucker
1 TL Meersalz
10 g frischer Ingwer, geschält
10 weiße Pfefferkörner
10 rote Pfefferkörner
2 Zimtstangen
2 Lorbeerblätter
1 Prise Cayennepfeffer

Tipps:

Das Mango-Chutney ist über mehrere Monate haltbar. Es schmeckt als Beilage sehr gut zu asiatischen Gerichten, zu indischen Currys, Kurzgebratenem und Gegrilltem.
Stellen Sie eine kleine Flasche Ingwersaft mit auf den Tisch, so kann jeder nach eigenem Gusto die Schärfe bzw. das Aroma dosieren.

2 Auberginen (vorzugsweise
    feste weiße Auberginen)
6 Knoblauchzehen, geschält
30 g frischer Ingwer,
    geschält
125 ml Olivenöl
4 EL brauner Zucker
1 TL Garam Masala
    (indisches Gewürz aus
    dem Asiashop)
2 TL milder Madras-Curry
1 EL Senfkörner
1 TL gestoßene Koriander-
    samen
200 ml kräftige
    Gemüsebrühe
100 ml Weißweinessig
5 cl Ingwerpresssaft
etwas Meersalz

auberginen-pickles

1 · Auberginen in 3–4 cm große Würfel
schneiden, mit etwas Salz bestreuen und ca.
15 Minuten ziehen lassen. Knoblauch und
Ingwer sehr fein hacken.

2 · Auberginen einige Minuten bei milder
Hitze in Öl anbraten, herausnehmen und auf
ein Gitter legen. Anschließend Knoblauch
und Ingwer ohne Farbe nehmen zu lassen an-
dünsten. Auberginen, Zucker sowie Gewürze
dazugeben, dann mit Brühe, Essig sowie Ingwersaft aufgießen.

3 · Das Gemüse etwa 10 Min. einkochen, mit
Salz abschmecken und anschließend heiß in
Schraubgläser füllen.

Tipp:

Die Auberginen-Pickles kühl und dunkel aufbewahren. Sie
können dieses Rezept natürlich auch mit anderen Gemüse-
sorten wie z. B. mit Zucchini in verschiedenen Farben oder
auch mit Blumenkohl zubereiten. Es schmeckt zu allen Gril-
laden oder zu gebratener Ente.

kokos-ingwer-suppe
mit shrimps

Eine spannende Mischung aus süßer Kokosmilch und der erfrischenden Schärfe des Ingwers.

1 Stange Porree/Lauch
20 g Butter
40 g frischer Ingwer,
    geschält
3 dl kräftige Gemüsebrühe
100 ml Sahne/Rahm
4 dl Kokosmilch, ungesüßt
1 gestr. EL Speisestärke
1 Bund frische Minze
100 g Shrimps
5 cl Ingwerpresssaft
Meersalz und weißer Pfeffer,
    frisch gemahlen

1 · Den Porree längs halbieren, in Rauten schneiden und gut waschen. Butter zerlassen, Porree zugeben und bei milder Hitze dünsten.

2 · Den Ingwer in sehr feine Streifen schneiden, zum Porree geben und noch kurz mitdünsten.

3 · Stärke mit etwas Kokosmilch glattrühren und beiseitestellen. Den gedünsteten Porree mit Gemüsebrühe, Sahne und Kokosmilch auffüllen und erhitzen. Die angerührte Stärke einrühren und die Suppe etwas einköcheln lassen.

4 · Minze in sehr feine Streifen schneiden, Shrimps sowie Ingwersaft zur Suppe geben, anschließend nicht mehr kochen. Suppe abschmecken, in vorgewärmte Teller verteilen und mit Minze bestreuen.

Tipp:
Sie können die Shrimps auch durch feine Streifen von weißem Fisch oder Geflügel ersetzen.

orangen-möhren-suppe mit ingwer

Eine sehr fruchtige Suppe für die kalte Jahreszeit.

300 g Möhren, geschält
50 g frischer Ingwer,
    geschält
30 g Butter
4 fein gewürfelte Schalotten
Saft von 4 unbehandelten
    Orangen
6 dl kräftige Gemüsebrühe
1 EL Crème fraîche
5 cl Ingwerpresssaft
Meersalz und weißer Pfeffer,
    frisch gemahlen

1 · Die Möhren würfeln und Ingwer fein schneiden.

2 · Butter zergehen lassen, die fein geschnittenen Schalotten, Möhren und Ingwer zugeben und bei milder Hitze glasig schwitzen.

3 · Zutaten salzen und anschließend den Orangensaft sowie Brühe zugießen. Etwa 20 Minuten weich köcheln, dann Crème fraîche sowie Ingwersaft zugeben und die Suppe im Mixer pürieren. Die Suppe durch ein Sieb gießen, anschließend nochmals abschmecken.

Tipps:

Wer möchte, kann den Anteil an frischem Ingwer oder Ingwersaft gerne erhöhen. Versuchen Sie dieses einfache Rezept mal mit frisch gepresstem Blutorangensaft und gerösteten Haselnüssen.

indische kichererbsensuppe mit ingwer

Eine äußerst aromatische Suppe – ihre Gäste werden begeistert sein.

500 g getrocknete
  Kichererbsen, geschält
1 l Gemüsebrühe
2 Lorbeerblätter
½ TL Gelbwurzpulver
  (Kurkuma)
100 g Sellerieknolle,
  geschält
100 g Bundmöhren, geschält
2 Zwiebeln, geschält
20 g frischer Ingwer,
  geschält
2 Knoblauchzehen, geschält
1 Chilischote
2 EL Butter
½ TL Kreuzkümmelsamen
½ TL Kardamomsamen
½ TL Koriandersamen
1 unbehandelte Zitrone,
  Schale und Saft
5 cl Ingwerpresssaft
Meersalz
1 Bund glatte Petersilie,
  Blättchen fein gehackt

1 · Die Kichererbsen in der Gemüsebrühe mit Lorbeer und Kurkuma bei mittlerer Hitze weich kochen. Lorbeerblätter entnehmen und mit dem Stabmixer kurz mixen, sodass die Suppe eine Bindung bekommt und noch stückig bleibt.

2 · Sellerie, Möhren, Zwiebeln, Ingwer und Knoblauch in Würfel schneiden. Chilischote entkernen und fein hacken.

3 · In einem weiten Topf die Butter erhitzen, Kreuzkümmel, Kardamom und Koriander kurz anrösten, dabei öfter umrühren. Alle kleinen Gemüse- und Gewürzwürfel dazu geben, unter ständigem Rühren anschwitzen, ohne dass die Zutaten Farbe bekommen.

4 · Die Kichererbsensuppe zugießen und bei milder Hitze nochmals etwa 10 Minuten köcheln lassen. Mit Zitronensaft, abgeriebener Zitronenschale, Ingwersaft sowie Meersalz abschmecken und in vorgewärmte Schalen verteilen. Mit fein geschnittener Petersilie bestreuen und servieren.

curry-ingwer-schaumsuppe

2 Zwiebeln, geschält und fein gewürfelt

50 g frischer Ingwer, geschält und fein geschnitten

2 Knoblauchzehen, geschält und zerdrückt

1 Chilischote, entkernt und grob geschnitten (Wer es scharf mag, nimmt zwei!)

2 EL Sesamöl

10 g Butter

1 – 2 EL Currypulver (vorzugsweise milder Madras-Curry)

1 TL Gelbwurzpulver (Kurkuma)

6 dl kräftige Geflügel- oder Gemüsebrühe

100 g Knollensellerie, geschält und grob gewürfelt

100 ml Apfelsaft

5 cl Sahne/Rahm

5 cl Ingwerpresssaft

Meersalz, weißer Pfeffer, frisch gemahlen

Muskatnuss, frisch gerieben

1 · Die Zwiebelwürfel, den zerdrückten Knoblauch, Ingwer sowie die Chilischote in Sesamöl-Butter-Mischung bei milder Hitze glasig dünsten, mit Curry sowie Gelbwurz bestäuben und anschließend mit Brühe auffüllen.

2 · Selleriewürfel sowie Apfelsaft zugeben und etwa 20 Minuten weich kochen. Die Sahne sowie den Ingwersaft zugeben und mit dem Stabmixer fein pürieren. Durch ein Sieb gießen und nochmals abschmecken.

3 · Die Currysuppe mit dem Stabmixer aufschäumen, in vorgewärmte Schalen füllen und servieren.

Tipps:

Nach Belieben mit gebratenen Putenbruststreifen, geröstetem Sesam oder fein geschnittenem Blattkoriander servieren.

Dazu passen auch hervorragend Apfel-Ingwer-Crostini: In lange Streifen geschnittenes Brot rösten, fein gewürfelte Äpfel sowie Ingwerwürfelchen mit Apfelsaft, Apfelessig und etwas braunem Zucker dicklich einkochen und die Crostini damit bestreichen.

kräutersalat
mit ingwerdressing

200 g gemischte Kräuter und
   Blattsalate wie Blattpeter-
   silie, Kerbel, Giersch,
   weiße Melde, Vogelmiere,
   Feldsalat, Lollo Bionda,
   Kopfsalatherzen etc.
1 dl kräftige Gemüse- oder
   Geflügelbrühe
1 Schalotte, fein gewürfelt
4 cl weißer Balsamico
6 cl Sonnenblumenöl
2 cl Kürbiskernöl
1 TL süßer Senf
4 cl Ingwerpresssaft
10 g frischer Ingwer,
   geschält und fein
   gerieben
Meersalz und weißer Pfeffer,
   frisch gemahlen
einige Spritzer Zitronensaft

1 · Die Kräuter und Blattsalate fein zupfen und gründlich waschen, anschließend in einem Sieb abtropfen lassen.

2 · Brühe mit Schalottenwürfeln auf die Hälfte reduzieren, abkühlen lassen und mit allen weiteren Zutaten fein mixen.

3 · Den abgetropften Salat mit der Vinaigrette vermengen und in tiefen Tellern anrichten.

1 Chilischote
20 g frischer Ingwer,
   geschält
2 unbehandelte Limetten
1 Cavaillon-Melone
   (alternativ: Ogen- oder
   Honigmelone)
1 TL Honig
500 g Feldsalat/Nüsslisalat
   (Vogerlsalat)
50 g Walnusskerne/Baum-
   nusskerne
5 EL Walnussöl/Baumnussöl
Meersalz
1 TL brauner Zucker

melonen-feldsalat
mit ingwer

1 · Chilischote halbieren, Kerne entfernen und Schote in sehr feine Streifen schneiden. Ingwer fein reiben, anschließend die Limetten auspressen.

2 · Melone längs halbieren, mit einem Löffel die Kerne herauskratzen und aus dem Fruchtfleisch mit einem »Parisienne-Ausstecher« Kugeln ausstechen.

3 · Feldsalat mehrere Male gründlich waschen und trocken schleudern. Die Walnusskerne in einer beschichteten Bratpfanne bei milder Hitze ohne Fett rösten. Honig in einer Sauteuse schmelzen, darin die Melonenkugeln schwenken und etwas erkalten lassen.

4 · Aus Limettensaft, Walnussöl, Chili und Ingwer eine Marinade anrühren. Mit Salz und Rohrzucker abschmecken. Den Feldsalat damit marinieren, auf Tellern verteilen und mit den Melonenkugeln sowie Walnüssen dekorieren.

Tipp:
Dazu schmeckt frisch geröstetes Weißbrot hervorragend.

in ingwersaft gegartes gemüse

Je nach Angebot der Jahreszeit präsentiert sich dieses Gericht unterschiedlich, durch die herzhafte Zugabe von frischem Ingwer bekommt es immer eine ganz besondere Note.

1 kg junge Gemüse wie
    kleine Eiszapfen, Bund-
    möhren, kleine Rettiche,
    Mairübchen, Pak Choi usw.
50 g Butter
Meersalz und Zucker
200 ml kräftige
    Gemüsebrühe
einige Safranfäden
5 cl Ingwerpresssaft
40 g frischer Ingwer,
    geschält und feinblättrig
    geschnitten
1 EL geröstete Sesamkörner
1 EL Sojasauce
1 TL Kürbiskernöl
Muskatnuss, frisch gerieben

1 · Das Gemüse putzen und je nach Sorte schälen. In einem weiten Topf die Butter zerlassen, das Gemüse gleichmäßig auf dem Topfboden verteilen und bei milder Hitze etwas anschwitzen. Dann etwas Salz, Zucker und Brühe zugeben.

2 · Einen Deckel auflegen und das Gemüse bei milder Hitze etwa 10 – 15 Minuten dünsten, es darf nicht zu weich werden.

3 · Safranfäden, Ingwersaft sowie Ingwerblättchen zugeben, gut mit dem Gemüse vermengen und nochmals 5 Minuten ziehen lassen.

4 · Mit Muskatnuss abschmecken, gerösteten Sesam, Sojasauce und Kürbiskernöl zugeben und auf vorbereiteten Tellern anrichten.

Tipp:
Eine kross gebratene Entenbrust ist eine edle Ergänzung
zu diesem variantenreichen Gericht.

in ingwersaft gegartes gemüse

2 Salatgurken
1 kleine rote Zwiebel,
  geschält und in feine
  Ringe geschnitten
2 EL frischer Ingwer,
  geschält und fein gehackt
2 EL Apfelessig
2 EL Honig
2 EL Schmant oder saure
  Sahne
1 Bund Dill, fein geschnitten
Meersalz und weißer Pfeffer,
  frisch gemahlen

gurkensalat mit zwiebeln und ingwer

1 · Gurken schälen und dabei ein wenig Schale für ein Streifenmuster stehen lassen. In feine Scheiben hobeln.

2 · In einer Schüssel die Gurken, Zwiebel, Ingwer, Essig und Honig mischen. Vermengen und etwa 15 Minuten ziehen lassen.

3 · Mit Salz und Pfeffer abschmecken. Saure Sahne und Dill zugeben, gut gekühlt servieren.

Tipp:
Dazu schmeckt am besten ein echtes Wiener Schnitzel oder ein gebratenes Fischfilet.

spargel mit ingwersabayon

**1 kg geschälter
weißer Spargel**

Kochsud:
3 l Wasser
½ TL Meersalz
1 TL Zucker
50 g Butter

Sabayon:
1 dl Weißwein
5 cl Ingwerpresssaft
**20 g frischer Ingwer, ge-
schält und fein gerieben**
1 Ei
2 Eigelbe
einige Spritzer Zitronensaft
**Salz und weißer Pfeffer,
frisch gemahlen**
Muskatnuss, frisch gerieben

1 · Wasser mit Meersalz, Zucker und Butter in einem weiten Topf aufkochen, Spargel zugeben und einmal kurz aufkochen. Topf sofort vom Herd nehmen und den Spargel abgedeckt abkühlen lassen.

2 · Vom entstandenen Spargelfond 2 dl abschöpfen und mit dem Weißwein in einer Sauteuse auf etwa die Hälfte einkochen. Anschließend Ingwersaft, geriebenen Ingwer, Ei sowie Eigelbe zugeben und mit einem Schneebesen bei milder Hitze zu einer schaumigen Creme schlagen. Zitronensaft zugeben und abschmecken.

3 · Den abgekühlten Spargel nochmals im Fond erhitzen, auf keinen Fall kochen! Spargel anrichten und mit einem Teil des Ingwersabayons übergießen, den restlichen Sabayon separat dazu servieren.

Abbildung siehe linke Seite.

Tipp:
Zu diesem Frühlingsgericht passen ein Kräutersalat und frisch gekochte Frühkartoffeln oder geröstetes Weißbrot.

avocado-ingwer-guacamole

2 vollreife Avocados
20 g frischer Ingwer, ge-
schält und fein gerieben
Saft von ½ Limette
Meersalz und weißer Pfeffer,
frisch gemahlen

Ein ausgezeichneter Aufstrich für Brote, die Sie ganz nach Geschmack noch weiter belegen können.

1 · Avocado der Länge nach halbieren, den Kern sowie die Schale entfernen.

2 · In einer Schüssel die Avocado mit dem Ingwer und dem Limettensaft zermusen. Dabei darauf achten, dass noch einige Stücke bestehen bleiben und das Mus nicht zu fein wird. Anschließend mit Salz und Pfeffer würzen.

Tipps:

Geräuchertes in Verbindung mit der Guacamole schmeckt sehr gut. Oder probieren Sie als Brotbelag dazu einmal verschiedene Blattsalate mit Sardellen.

kleine ingwerpfannkuchen, gefüllt mit pfifferlingen

Pfannkuchen:

100 g Mehl

400 ml Milch

3 Eier

2 Eigelb

20 g frischer Ingwer,
   geschält und fein gerieben

40 g Butter

Füllung:

4 EL Sonnenblumenöl

500 g frische Pfifferlinge
   (alternativ: Austern- oder
   Steinpilze)

2 Schalotten, geschält und fein
   gewürfelt

2 cl Ingwerpresssaft

200 g Ricotta, gut abgetropft

50 g Weißbrot ohne Rinde,
   fein gerieben

Meersalz und weißer Pfeffer,
   frisch gemahlen

Muskatnuss, frisch gerieben

50 g Parmesankäse, gerieben

Butter für die Form

1 · Mehl, Milch, Eier und fein geriebenen Ingwer zu einem glatten Teig verrühren, diesen dann etwa eine Stunde ruhen lassen.

2 · In einer beschichteten Bratpfanne für jeden Pfannkuchen etwas Butter zerlassen und bei mittlerer Hitze gleichmäßige Pfannkuchen von etwa 20 cm Durchmesser backen.

3 · Öl in einer breiten Bratpfanne erhitzen und die geputzten und gewaschenen Pfifferlinge mit den Schalotten kurz anschwitzen, salzen und anschließend in ein Sieb gießen. Die Pilze abkühlen lassen, den entstehenden Saft auffangen und mit Ingwersaft mischen. Den Backofen auf 180 °C vorheizen.

4 · Ricotta mit Weißbrot verrühren, salzen und pfeffern. Die Ricottafüllung mit den erkalteten Pilzen mischen und mithilfe eines Spatels gleichmäßig auf die inzwischen abgekühlten Pfannkuchen verteilen. Die Pfannkuchen aufrollen und nebeneinander in eine gebutterte, feuerfeste Form schichten.

5 · Aufgefangenen Pfifferlingssaft mit Muskat würzen, über die Pfannkuchenrollen gießen, mit geriebenem Parmesankäse bestreuen und im vorgeheizten Ofen etwa 20 Minuten überbacken.

Tipps:

Dazu passt am besten gedünstetes Lauchgemüse oder eine klassische Ratatouille mit Basilikum.

2 rote Zwiebeln, geschält und
    fein gewürfelt
4 Knoblauchzehen, geschält
    und in feinen Scheiben
20 g Butter
250 g Champignons, geviertelt
2 gelbe Gemüsepaprika/
    Peperoni, geputzt und in
    grobe Stücke geschnitten
500 g Kidney-Bohnen
    (über Nacht in Wasser
    eingeweicht)
8 mittelgroße Kartoffeln,
    festkochend
100 g getrocknete Datteln,
    entkernt
20 g frischer Ingwer, geschält
    und in sehr feine Scheiben
    geschnitten
2 EL Honig
5 cl Ingwerpresssaft
5 cl Olivenöl
250 g Crème fraîche
1 EL scharfes Currypulver
1 TL Koriandersamen, zerdrückt
Meersalz und weißer Pfeffer,
    frisch gemahlen
50 g Greyerzer Käse, gerieben

gemüseauflauf mit datteln und ingwer

1 · Zwiebeln und Knoblauch in Butter bei milder Hitze glasig dünsten, Champignons, Paprika sowie abgetropfte Bohnen zugeben und mitdünsten. Das Gemüse salzen und mit Curry, Koriandersamen sowie Pfeffer würzen.

2 · Den Backofen auf 180 °C vorheizen. Kartoffeln separat mit der Schale in Salzwasser weich kochen.

3 · Datteln und Ingwer mit dem Honig, Ingwersaft sowie Olivenöl pürieren, dann mit Crème fraîche zu einer cremigen Paste verrühren und würzen.

4 · Die Kartoffeln schälen und in Scheiben schneiden. Den Boden einer gebutterten Auflaufform mit der Hälfte der Kartoffeln auslegen, mit der Hälfte des gedünsteten Gemüses bedecken und mit der Hälfte der Paste gleichmäßig überstreichen. Anschließend eine weitere Schicht Kartoffeln sowie Gemüse auslegen und mit einer Schicht Paste abschließen. Den geriebenen Käse gleichmäßig darüber verteilen und den Auflauf etwa 30 Minuten im vorgeheizten Backofen überbacken.

Tipp:
Zu diesem einfachen, raffiniert gewürzten Auflauf servieren Sie am besten einen Tomaten- oder Gurkensalat.

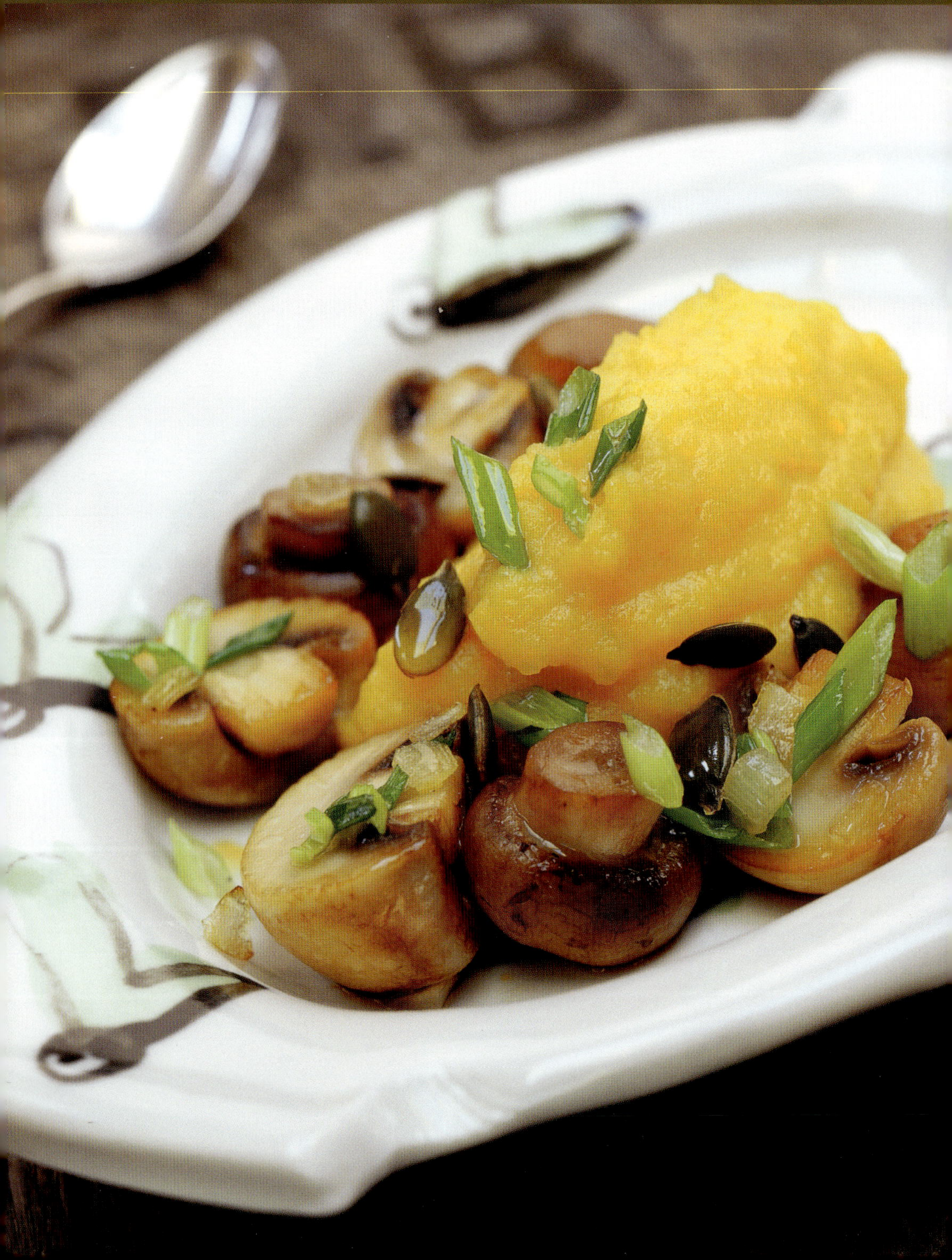

kürbis-ingwer-püree mit pilzen

1 Hokkaidokürbis
(ca. 400 – 500 g)
200 ml kräftige
Gemüsebrühe
2 große mehlig kochende
Kartoffeln
¼ l Milch
100 g kalte Butter,
in Würfel geschnitten
1 EL frischer Ingwer, geschält und fein gerieben
400 g Pilze, je nach Angebot
und Jahreszeit (Champignons, Austernpilze,
Pfifferlinge usw.)
1 Frühlingszwiebel, fein
geschnitten
2 EL Walnussöl/Baumnussöl
2 EL Kürbiskerne, ohne Fett
geröstet
1 EL Kürbiskernöl
Meersalz und weißer Pfeffer,
frisch gemahlen
Muskatnuss, frisch gerieben

Dieses typische Herbstessen schmeckt als Hauptgericht oder auch als Beilage.

1 · Kürbis vierteln, schälen und vom Kerngehäuse befreien. Kartoffeln ebenfalls schälen, halbieren und in Salzwasser weich kochen, anschließend gut ausdampfen lassen.

2 · Kürbis in grobe Stücke schneiden, in Gemüsebrühe weich dünsten und gut ausdampfen lassen.

3 · Milch erhitzen, Kürbis zusammen mit den Kartoffeln zerstampfen und heiße Milch, kalte Butter, Ingwer sowie Gewürze zugeben und alle Zutaten kräftig verrühren, anschließend im Wasserbad warm stellen.

4 · Pilze mit einem Tuch abreiben, sauber putzen, nach Wunsch zerkleinern und in einer beschichteten Bratpfanne in Walnussöl bei mittlerer Hitze braten. Frühlingszwiebel dazugeben, würzen, nochmals durchschwenken und auf vorbereiteten Tellern anrichten. Das Püree daraufhäufeln, mit Kürbiskernen und Kernöl verfeinern.

Tipp:
Das Püree zu gebratenem Wild oder Lamm servieren.

ingwer-basilikum-risotto
mit gegrilltem sommergemüse

2 Schalotten, geschält und
fein gewürfelt

4 EL Olivenöl, etwas Butter

350 g Risottoreis (Vialone
oder Arborio)

200 ml trockener Weißwein

1,6 l heiße, kräftige Gemüsebrühe

1 großes Bund Genoveser
Basilikum

50 g geriebener
Parmesankäse

5 cl Ingwerpresssaft

20 g frischer Ingwer, ge-
schält und fein gerieben

100 ml geschlagene
Sahne / Rahm

Meersalz und weißer Pfeffer,
frisch gemahlen

800 g typische Sommer-
gemüse wie Gemüsepap-
rika/Peperoni, Auber-
ginen, Zucchini

Meersalz

etwas Olivenöl

Tipp:

Zu dieser Risottovariante können Sie
auch Pilze oder Bratfisch servieren.

1 · Schalottenwürfel in Olivenöl und Butter
glasig schwitzen, Risottoreis zugeben und
ebenfalls kurz anschwitzen. Salzen, mit
Weißwein ablöschen und die Flüssigkeit vollständig einkochen lassen.

2 · Die Brühe in Abständen zum Risotto
geben. Es muss im Topf immer leicht köcheln (Kochdauer etwa 20 Minuten). Der Reis
nimmt die Brühe nach und nach auf und
bekommt während des Garprozesses einen
kräftigen Geschmack, ebenso wie Glanz und
Sämigkeit.

3 · Die Basilikumblätter mit einer Schere in
Streifen schneiden. Am Ende der Garzeit gemeinsam mit dem Parmesankäse, Ingwer und
-saft sowie Schlagsahne zum Risotto geben,
gut unterrühren und abschmecken. Der Risotto sollte etwas flüssig bzw. sämig sein

4 · Gemüsepaprika mit einem Kartoffelschä-
ler von der Schale befreien und das Kerngehäuse entfernen. Paprika in grobe Stücke
schneiden. Restliches Gemüse putzen und
ebenfalls in grobe Stücke schneiden.

5 · Das ganze Gemüse mit Olivenöl und
Meersalz für eine halbe Stunde ziehen lassen
und anschließend auf einer Grillplatte braten.

mit ingwer marinierter fenchel und gebratene garnele

2 Fenchelknollen
6 EL Olivenöl
1 EL Weißweinessig
1 – 2 EL Ingwerpresssaft
Saft von ½ Orange
8 Riesengarnelen (vorzugs-
    weise »Seawater«-Qualität)
1 Knoblauchzehe, geschält
    und zerdrückt
Meersalz und weißer Pfeffer,
    frisch gemahlen

1 · Den Fenchel halbieren, das Fenchelgrün beiseitestellen, den Strunk entfernen und den Fenchel anschließend in sehr feine Scheiben schneiden.

2 · Fenchelscheiben mit vier Esslöffeln Öl, Essig, Ingwer- sowie Orangensaft vermengen, würzen und mindestens eine Stunde bei Zimmertemperatur ziehen lassen.

3 · Garnelen von der Schale befreien und im restlichen Olivenöl gemeinsam mit der Knoblauchzehe bei mittlerer Hitze etwa 3 – 4 Minuten braten, die Garnelen sollten innen noch etwas glasig sein. Die Garnelen anschließend würzen und auf einem Tuch noch kurz ruhen lassen.

4 · Marinierten Fenchel mit klein geschnittenem Fenchelgrün (ersatzweise Dill) bestreuen, in Schälchen verteilen und die Garnelen obenauf anrichten.

Tipp:
Als zusätzliche Beilage sind Ofentomaten mit Ingweraroma zu empfehlen. Dazu Kirschtomaten (vorher den Stielansatz entfernen) salzen, mit etwas Öl beträufeln und auf einem Bett von fein geschnittenen Ingwerscheiben im Backofen bei etwa 80 °C für eine Stunde sanft garen.
Dazu passt ein kräftiger Chardonnay.

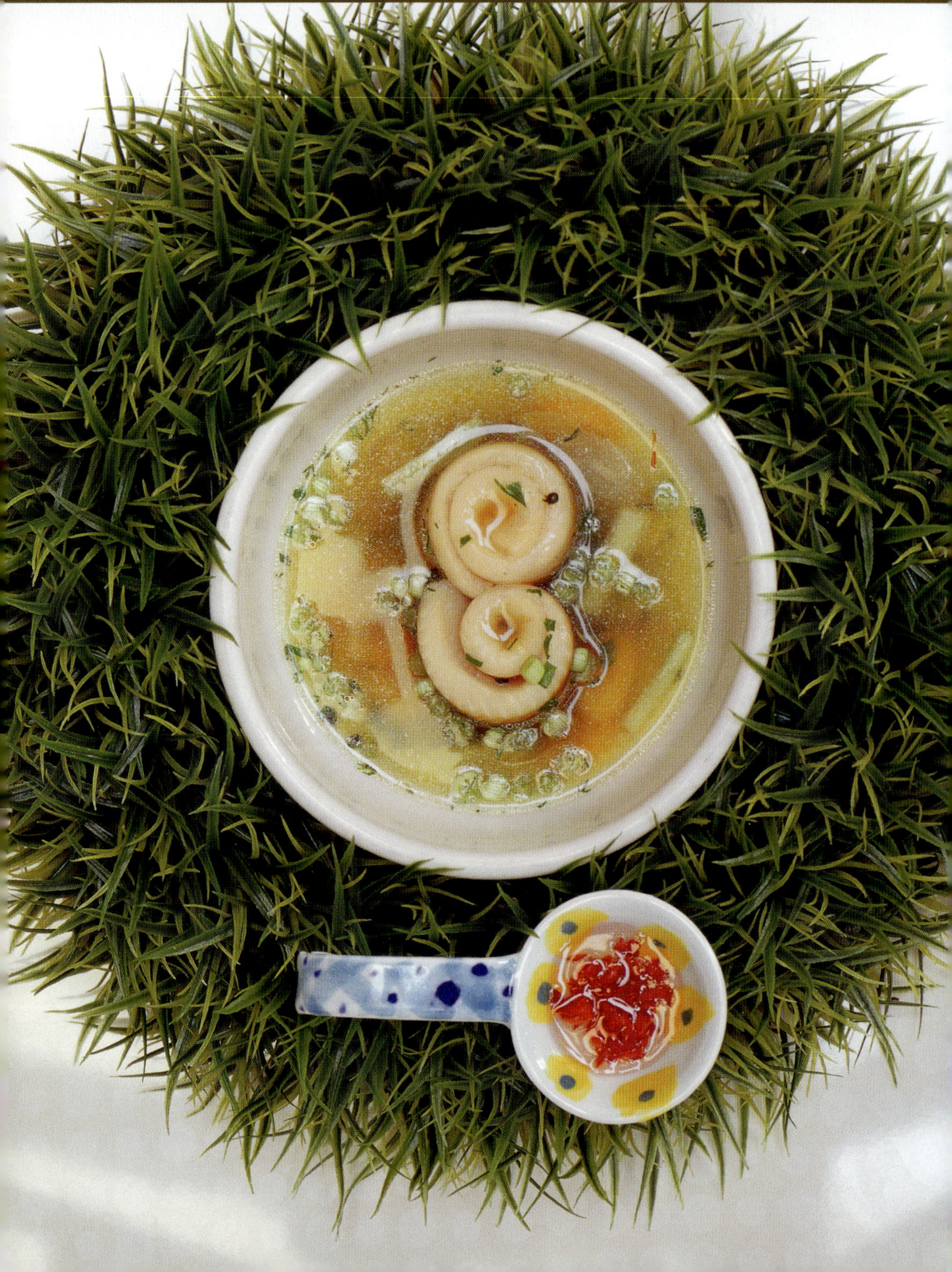

scharfer forellenmops im ingwersud

4 Bachforellen à 300 g
500 g Gemüse wie Porree,
    Frühlingszwiebeln, Bund-
    möhren, Knollensellerie,
    kleine Rettiche, Kohlrabi,
    Zwiebel etc. (Schalen
    bzw. Abschnitte für den
    Sud aufbewahren)
100 ml Weißwein
1 Lorbeerblatt
einige Piment- und Korian-
    derkörner, zerdrückt
40 g frischer Ingwer
5 cl Ingwerpresssaft
1 rote Chilischote
2 EL Sesamöl
1 Bund Blattkoriander
Meersalz und weißer Pfeffer,
    frisch gemahlen

Hinweis:

Von den Mengen her entspricht dieses Rezept eher einem Zwischengericht. Die asiatischen Zutaten, vor allem der Ingwer, geben der üblicherweise meist traditionell zubereiteten Forelle das gewisse Etwas.

1 · Forellen filetieren und enthäuten. Filets mit einer Pinzette entgräten und kühl stellen. Die angefallenen Reste wie Köpfe und Gräten mit kaltem Wasser gründlich abspülen. Gemeinsam mit Weißwein, Gewürzen, Gemüseabschnitten und etwa 1 l Wasser einen Forellensud herstellen, diesen durch ein Sieb abgießen und heiß stellen.

2 · Gemüse nach Belieben in feine Stücke, Würfel, Scheiben etc. schneiden und im Forellensud gar ziehen lassen. Ingwer schälen und in sehr feine Scheiben schneiden, diese ebenfalls zum Sud geben.

3 · Chilischote fein hacken und mit dem Sesamöl verrühren. Forellenfilets einzeln zusammenrollen, sodass Rollmöpse entstehen, diese mit Zahnstochern zusammenhalten.

4 · Den inzwischen entstandenen Forellen-Gemüse-Sud kräftig abschmecken, Ingwersaft zugeben und die Rollmöpse darin für etwa 4 – 5 Minuten pochieren. Anschließend herausnehmen, die Zahnstocher entfernen, in tiefen Tellern oder Schalen anrichten und mit dem heißen Sud auffüllen.

5 · Klein geschnittenen Blattkoriander darüberstreuen und das Chili-Sesam-Öl separat dazu servieren.

asiatisch gebeizter saibling mit ingwer

8 Saiblingsfilets
   mit Haut à 100 g
1 kleine rote Chilischote
4 frische Korianderzweige
20 g frischer Ingwer,
   geschält
2 Stangen Zitronengras
Schalenabrieb und Saft von
   1 unbehandelten Limette
2 cl Ingwerpresssaft
40 g Meersalz
40 g Zucker

Tipp:
Dazu kleine Kartoffel-Gemüse-Puffer und einen Klecks Sauerrahm servieren.

Eine überraschende Variante des skandinavischen Klassikers: raffinierte Vorspeise für acht.

1 · Die Fischfilets sorgfältig mit einer Pinzette von allen Gräten befreien und mit der Hautseite nach unten auf ein flaches Blech legen.

2 · Chilischote, Koriandergrün, Zitronengras und Ingwer sehr fein schneiden und mit den übrigen Zutaten gut vermengen.

3 · Kräuter-Gewürz-Mischung gleichmäßig über die Fischfilets verteilen, mit Folie abdecken. Mit einem Brett beschweren und für mindestens 24 Stunden kühl stellen, hin und wieder mit dem entstehenden Sud übergießen. Zum Servieren in sehr dünne Scheiben aufschneiden.

ingwer-quark-gnocchi

500 g Speisequark (über
    Nacht in einem Sieb
    sehr gut abgetropft)
140 g Weizenmehl
    (Type 405)
1 Ei
2 Eigelb
20 g frischer Ingwer,
    geschält
30 g Butter
1 Schalotte, geschält und
    fein gewürfelt
Meersalz und weißer Pfeffer,
    frisch gemahlen
Muskatnuss, frisch gerieben
knusprige Brotcroûtons

1 · Aus Quark, Mehl und Eiern einen glatten Teig herstellen. Mit Salz, Pfeffer und Muskat würzen. Abgedeckt mindestens zwei Stunden kühl stellen.

2 · Den Quarkteig auf einer bemehlten Arbeitsfläche zu einer Rolle formen und mit einer Palette bzw. einem Messer kleine Nocken abstechen. Diese in siedendem Salzwasser garen, bis sie oben schwimmen, anschließend auf einem Tuch trocknen.

3 · In der Zwischenzeit den Ingwer in sehr dünne Scheiben schneiden. Butter in einer beschichteten Bratpfanne aufschäumen, Ingwerscheiben, Schalottenwürfel und Gnocchi zugeben, würzen und alle Zutaten gleichmäßig hell bräunen. Zum Schluss die Croûtons zugeben, diese verleihen den lockeren Gnocchi einen angenehmen »Biss«.

Abbildung siehe linke Seite oben.

Tipp:
Servieren Sie zu diesem leichten Sommergericht gedünsteten Mangold und einen erfrischenden, gut gekühlten Weißburgunder.

mit ingwer gespicktes lachsfilet am spieß

1 Stück Lachsfilet (ca. 1 kg)
50 g frischer Ingwer
2 EL Olivenöl
2 Fleischtomaten
2 dl trockener Weißwein
1 Schalotte, geschält und
  fein geschnitten
50 g kalte Butter, in kleinen
  Würfeln
100 ml Schlagsahne/Rahm
2 EL Kapernfrüchte,
  abgetropft
Meersalz
etwas Zitronensaft

Tipps:
Dazu passt Blattspinat oder gedünstetes Mangoldgemüse mit Dampfkartoffeln.
Für dieses Gericht benötigen Sie ganz frischen, knackigen Ingwer, da sich der Fisch ansonsten nicht spicken lässt.

Die Sauce zu den Lachsspießen ist eine klassische »Beurre blanc«, wobei die darin erhitzten Fischwürfel ihr den Charakter einer »Lachsbolognaise« geben – ein schöner Kontrast zu den gebratenen Filets.

1 · Lachs entgräten und enthäuten. Die Bauchlappen sowie das dünne Schwanzstück abschneiden, in kleine Würfel schneiden und kühl stellen. Das Lachsfilet in acht gleichmäßige Stücke schneiden und mit der Hautseite nach innen zusammenklappen.

2 · Ingwer schälen, in 2 cm lange, dünne Stifte (wie Streichhölzer) schneiden und die einzelnen Lachsstücke damit gleichmäßig »spicken«. Jeweils zwei Stücke Filet auf Holzstäbe (kurz gewässert; alternativ eignen sich auch Lavendelstängel) spießen, kühl stellen.

3 · Fleischtomaten häuten, Stielansatz und Kerne entfernen. Tomaten kleinwürfeln.

4 · Weißwein mit Schalotten sirupartig einkochen, Topf vom Herd nehmen und die Butterwürfel zügig einrühren. Anschließend die Sahne, Kapern und Tomatenwürfel zugeben. Die in Würfel geschnittenen Lachsabschnitte leicht salzen, zur Sauce geben und nochmals erhitzen, auf keinen Fall kochen!

5 · Lachsspieße mit Olivenöl in einer beschichteten Bratpfanne auf beiden Seiten bei milder Hitze etwa 3 – 4 Minuten braten, der Fisch sollte noch etwas glasig sein. Mit Meersalz bestreuen, mit Zitronensaft beträufeln und mit der Sauce auf Tellern anrichten.

lammragout mit ingwer

Das Rezept sieht aufwendiger aus als es ist. Bei guter Vorbereitung wird die Zubereitungszeit von einer Stunde nicht überschritten.

200 g Backpflaumen,
    entsteint
1 dl Rotwein
3 EL Sesamsaat, geschält
1 EL Senfkörner
800 g Lammfleisch
    aus der Keule
3 EL Olivenöl
2 geschälte Zwiebeln, in
    Scheiben geschnitten
2 dl kräftige Fleischbrühe
3 Knoblauchzehen, geschält
    und fein gehackt
2 TL Ingwer, geschält und
    fein gehackt
Meersalz und weißer Pfeffer,
    frisch gemahlen

1 · Backpflaumen in Rotwein einweichen. Sesam und Senfkörner ohne Fett in einer unbeschichteten Bratpfanne rösten, am besten mit einem Deckel!

2 · Lammfleisch in Würfel à 5 cm schneiden und in einem Bräter mit heißem Olivenöl gleichmäßig hellbraun anbraten. Zwiebelscheiben zugeben und kurz mitbraten. Das Fleisch salzen und pfeffern, dann mit Rotwein (von den eingeweichten Backpflaumen) ablöschen und einkochen lassen. Brühe hinzufügen, sodass das Fleisch knapp bedeckt ist. Bei etwa 160°C 25–30 Minuten im Backofen schmoren lassen.

3 · Knoblauch, Sesam sowie Senfkörner zugeben und fertig schmoren. Nach Ende der Garzeit sollte das Fleisch sehr weich sein und von der Gabel fallen. Zum Schluss die halbierten Backpflaumen und Ingwer zugeben. Anschließend nochmals abschmecken.

Tipp:
Dazu passt sehr gut Basmatireis, der mit kandiertem
Ingwer (siehe Seite 30) vermischt ist.

schweinelendchen mit linsen und ingwerjoghurt

Die Kombination von Ras el Hanout, einer nordafrikanischen Gewürzmischung, und dem frischen Ingweraroma im Joghurt schmeckt hervorragend – nicht nur in den Sommermonaten.

2 Schweinefilets à 600 g
2 EL Butterschmalz
1 EL Ras el Hanout (Gewürz-
    mischung aus Marokko)
1 EL sehr feine Speck-
    würfelchen
160 g rote Linsen
30 g Butter
2 Schalotten, geschält und
    fein gewürfelt
4 cl Apfelessig
4 cl Ingwerpresssaft

1 · Die Schweinefilets sorgfältig von allen Sehnen befreien, den Filetkopf sowie die Spitzen abschneiden und für ein anderes Gericht verwenden (z. B. Filetgeschnetzeltes).

2 · Die beiden Filets mit etwas Meersalz und Ras el Hanout würzen und mit Butterschmalz in einer Bratpfanne bei mittlerer Hitze rundherum goldbraun anbraten. Anschließend in einer feuerfesten Form im Backofen bei etwa 160 °C für 20 – 25 Minuten sanft garen.

3 · In der noch heißen Pfanne die Speckwürfel rösten und beiseitestellen.

4 · In der Zwischenzeit die Linsen kurz mit Wasser überbrausen und in einem Sieb abtropfen lassen. Die Schalotten in Butter glasig schwitzen, Linsen zugeben und ebenfalls kurz anschwitzen. Dann mit Essig sowie Ingwersaft ablöschen und vollständig einkochen lassen.

Bitte lesen Sie weiter auf Seite 73.

schweinelendchen mit linsen und ingwerjoghurt (fortsetzung)

400 ml kräftige Geflügel-
brühe
50 g feine Gemüsewürfel
(Möhre, Kohlrabi, Lauch,
Knollensellerie)
250 g Joghurt
40 g frischer Ingwer, ge-
schält und fein gerieben
Schalenabrieb von 1
unbehandelten Limette
Meersalz und weißer Pfeffer,
frisch gemahlen

5 · Linsen würzen, mit Brühe auffüllen und sanft köcheln lassen. Nach etwa zehn Minuten die Gemüsewürfelchen zugeben und nochmals für fünf Minuten mitköcheln.

6 · Joghurt mit Ingwer und Limettenabrieb verrühren, kräftig salzen und pfeffern.

7 · Die Schweinefilets aus dem Ofen nehmen, kurz ruhen lassen und gleichmäßig aufschneiden. Zusammen mit den Linsen auf großen Tellern anrichten und mit den Speckwürfelchen bestreuen. Den Joghurt separat servieren.

rehmedaillons mit ingwerkirschen

1 Stück Rehrücken
    (ergibt etwa 600 – 800 g
    schieres Fleisch)
2 EL Pflanzenöl
etwas Butter
einige Wacholderbeeren,
    zerdrückt
1 EL frischer Ingwer
    mit Schale, in Scheiben
    geschnitten
Meersalz und schwarzer
    Pfeffer, frisch gemahlen

1 Schale Sauerkirschen
    (ca. 250 g)
1 EL Butter
5 cl Ingwerpresssaft
1 TL frischer Ingwer, ge-
    schält und fein gerieben

1 · Den Backofen auf 150 °C vorheizen.

2 · Öl und Butter in einer großen Bratpfanne erhitzen, Wacholderbeeren sowie Ingwerscheiben zugeben und die beiden ausgelösten, von den Sehnen befreiten Rehrückenstränge rundherum anbraten und würzen.

3 · Alle Zutaten in eine feuerfeste Form geben und im vorgeheizten Ofen etwa 7 – 8 Minuten gar ziehen lassen, das Fleisch sollte innen noch rosa sein.

4 · Die Kirschen entstielen und entkernen. Gemeinsam mit den übrigen Zutaten in einem weiten Topf bei starker Hitze kurz einkochen, sodass die Kirschen schön glänzen und nicht zerfallen.

5 · Den am Stück gegarten Rehrücken aus dem Ofen nehmen, kurz ruhen lassen und dann gleichmäßig dick aufschneiden. Gemeinsam mit den Kirschen und etwas dunkler Wildsauce anrichten.

Tipps:
Servieren Sie dazu am besten gedünsteten Spitzkohl und geröstete Pinienkerne.
Außerhalb der Kirschensaison einfach entsteinte Sauerkirschen aus dem Glas verwenden und gut abtropfen lassen.

zitronen-ingwer-hühnchen mit ofengemüse

1 Maishähnchen
(ca. 1,4–1,6 kg)
1 dl Olivenöl
1 Zwiebel, geschält und in
grobe Scheiben geschnitten
200 g feine Rübchen
je 1 grüner und gelber
Zucchino
4 Tomaten
300–400 g kleine Kartoffeln,
festkochend
(z.B. Bamberger Hörnchen)
1 Stück Kohlrabi
2 unbehandelte Zitronen
1 Knolle Knoblauch, halbiert
einige Zweige Thymian und
Rosmarin
50 g frischer Ingwer, mit der
Schale in feine Scheiben
geschnitten
Meersalz und weißer Pfeffer,
frisch gemahlen

Tipp:
Wenn Sie den Ingwergeschmack noch etwas stärker hervorheben möchten, dann empfehle ich Ihnen etwas Ingwerpresssaft über das Fleisch zu träufeln, noch bevor das Hühnchen in den Ofen kommt.

Einfach in der Zubereitung und problemlos vorzubereiten, dafür aber umwerfend im Geschmack. Bei der Gemüseauswahl haben Sie freie Hand: Verwenden Sie Ihre persönlichen Favoriten!

1 · Das Hühnchen in 4 Brust- und 4 Keulenstücke zerteilen. Die Knochen der Keulen herausschneiden. Das Gemüse (außer Tomaten) putzen, evtl. schälen und in grobe Stücke schneiden.

2 · Die Hälfte des Olivenöls in einer breiten Bratpfanne erhitzen, die Geflügelteile bei mittlerer Hitze darin rundherum goldbraun anbraten, würzen und anschließend mit der Hautseite nach oben auf ein Backblech legen.

3 · Das Gemüse sowie die halbierten Kartoffeln in der Pfanne einige Minuten braten, ebenfalls würzen und dann auf dem Backblech verteilen. Die Tomaten vom Stielansatz befreien, halbieren und auf das Backblech legen. Zitronen halbieren, nur leicht über den Hühnchenteilen ausdrücken, anschließend in Scheiben schneiden und ebenfalls auf dem Backblech verteilen. Thymianzweige, halbierte Knoblauchknolle, restliches Olivenöl und die Ingwerscheiben auf das Blech geben und alles zusammen für etwa eine Stunde bei 170–180 °C im Backofen garen.

ananas-ingwer-sorbet

Nicht nur ein Nachtisch, sondern auch ein schöner Zwischengang während eines Menüs oder einfach als belebende Erfrischung an heißen Tagen.

1 vollreife Ananas
20 – 30 g Ingwer, geschält
4 cl Ingwerpresssaft
Saft von ½ Zitrone
1 EL Honig

1 · Die Ananas von Schale und Strunk befreien, dann in kleine Stücke schneiden. Ingwer sehr fein reiben und zusammen mit den Ananaswürfeln, Ingwersaft und Honig sehr fein pürieren.

2 · Das Püree in eine passende Schüssel füllen und für mehrere Stunden ins Tiefkühlfach stellen, dabei immer wieder gut umrühren.

3 · Vor dem Servieren aus dem Tiefkühlfach nehmen, kurz stehen lassen und in kleine Gläser portionieren.

Tipp:
Das fertige Sorbet mit einem Schuss Sekt oder Wodka auffüllen.

kalte aprikosen-mango-suppe mit ingwer

600 g vollreife Aprikosen
200 ml Weißwein
1 TL frischer Ingwer,
**   geschält und fein gehackt**
2 TL Zucker
1 vollreife Mango
1 Spritzer Zitronensaft
2 cl Ingwerpresssaft
Amarettini (italienisches
**   Mandelgebäck), grob**
**   zerbröselt**

1 · Die Aprikosen häuten, entsteinen und vierteln. Zusammen mit dem Weißwein, Ingwer und Zucker in einen Topf geben und kurz aufkochen, bis die Aprikosenstücke zu zerfallen beginnen.

2 · Die Mango schälen und würfeln, unter die heißen Aprikosen rühren und alles mit Zitronen- und Ingwersaft abschmecken. Je nach Belieben noch mit etwas Honig süßen und kalt stellen.

3 · Die Kaltschale in tiefen Tellern oder Schalen und mit den Amarettini bestreut servieren.

Tipp:
Wer mag, kann auch eine Kugel Vanilleeis oder halbsteif geschlagene Sahne (Rahm) dazu reichen.

ingwer-buttermilch-mousse mit marinierten beeren

3 Blatt weiße Gelatine
Schalenabrieb und Saft von
je 1 unbehandelten Zitrone
und Limette
100 g Zucker
250 g Buttermilch
5 cl Ingwerpresssaft
350 ml Sahne/Rahm
Beeren nach Saison, mit
Zitronensaft mariniert

1 · Gelatine in kaltem Wasser einweichen. Zitronen- und Limettensaft erhitzen, Zucker sowie die nach dem Einweichen gut ausgedrückte Gelatine darin auflösen und alles in einer Schüssel abkühlen lassen.

2 · Buttermilch, Ingwersaft sowie abgeriebene Zitrusschale zur Gelatinemasse zugeben und kräftig durchrühren. Anschließend kalt stellen und immer wieder durchrühren, so lange bis die Masse zu stocken beginnt.

3 · Sahne steif schlagen, unter die Buttermilchmasse heben und die Mousse in einer passenden Form abgedeckt mindestens drei Stunden durchkühlen lassen.

4 · Mit einem Löffel kleine Nocken abstechen und mit Beeren servieren.
Oder die noch nicht durchgekühlte Mousse in Portionsförmchen füllen, die dann vor dem Servieren ebenfalls für drei Stunden gekühlt werden.

Tipps:
Orientieren Sie sich bei der Beerenauswahl an der Saison bzw. am Angebot, das auf dem Wochenmarkt erhältlich ist.
Sie können statt der Beeren natürlich auch andere Früchte wie Aprikosen oder Orangen verwenden.

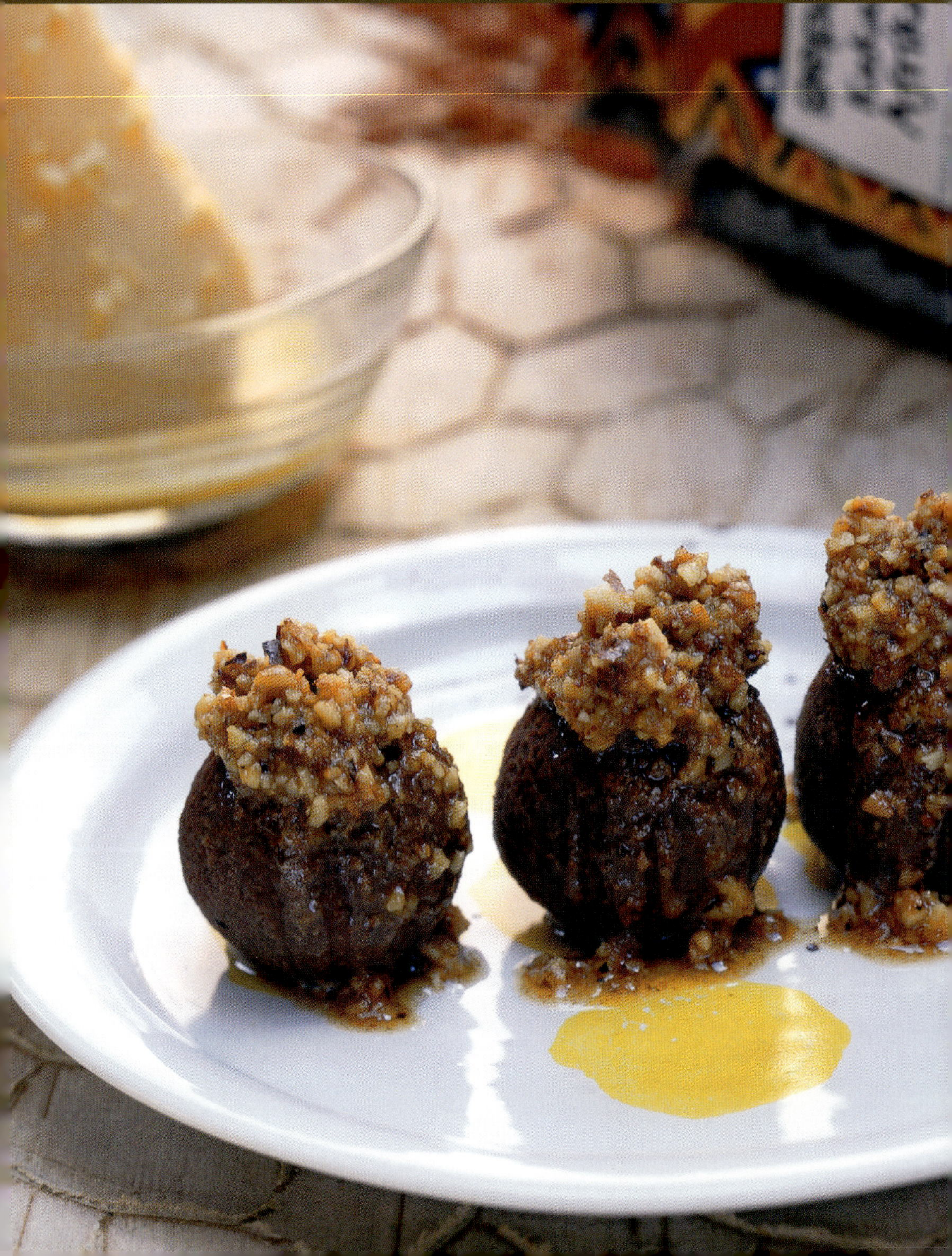

schoko-ingwer-knödel mit walnussbröseln

¼ l Milch
40 g Zucker
60 g Butter
½ Vanillestange, ausgekratzt
20 g Kakaopulver
100 g Hartweizengrieß
1 Ei
1 Eigelb
20 g frischer Ingwer, ge-
    schält und fein gerieben
Läuterzucker (2 l Wasser
    und 400 g Zucker)
80 g Weißbrot, fein gerieben
40 g Walnusskerne/Baum-
    nusskerne, fein gehackt
50 g brauner Zucker

1 · Milch mit Zucker, Butter und Vanillestange aufkochen. Kakao zufügen, glatt rühren und dann den Grieß gleichmäßig einstreuen. Den Topf vom Herd nehmen und mit einem Kochlöffel die Masse während einiger Minuten »abbrennen«, sodass eine kompakte Masse entsteht, die sich locker vom Topfboden löst.

2 · Das Vanillemark, Ei sowie Eigelb und Ingwer kräftig verquirlen, unter die Masse rühren und abgedeckt abkühlen lassen.

3 · Aus der Masse acht gleichmäßige Knödel formen. Läuterzucker bis zum Siedepunkt erhitzen und die Knödel darin gar ziehen lassen, so lange bis die Knödel oben schwimmen.

4 · Weißbrotbrösel und Walnüsse auf einem Blech im Backofen goldbraun rösten, gut mit Zucker vermengen und die fertigen Knödel darin wälzen. Unbedingt warm servieren!

Tipp:
Dazu passen sehr gut in Weißwein und Ingwersaft pochierte Birnen, die vorher mit einem Kugelausstecher vom Kerngehäuse befreit wurden.

1 kg Rhabarber, geputzt und
    Fäden abgezogen
500 g Gelierzucker, 2:1
1 Zimtstange
1 dl Ingwerpresssaft
Saft von 1 Zitrone

rhabarberkonfitüre mit ingwer

1 · Rhabarber in etwa 1 cm breite Stückchen schneiden, mit Zucker vermischen und über Nacht zugedeckt kühl stellen.

2 · Rhabarberstücke mit gezogenem Saft und Zimtstange in einen Topf geben, erhitzen und mindestens 2 – 3 Minuten sprudelnd kochen, dabei öfter umrühren.

3 · Ingwer- und Zitronensaft zufügen, noch heiß in vorbereitete Schraubgläser füllen und sofort verschließen.

Tipp:
Diese Konfitüre schmeckt nicht nur auf einem Buttercroissant. In Verbindung mit gebratener Geflügel- oder Kalbsleber ist sie eine Entdeckung wert!

orangen-ingwer-marmelade mit schokolade

Eine Marmelade nach englischem Vorbild, die durch den Ingwersaft und die Kuvertüre eine ganz eigene Note bekommt.

6 große unbehandelte Saft-
  orangen (ergibt 400 ml
  Saft und 500 g Orangen-
  filets)
500 g Gelierzucker, 2:1
40 g frischer Ingwer, ge-
  schält und in feine
  Streifen geschnitten
5 cl Ingwerpresssaft
50 g weiße Kuvertüre,
  geraspelt

1 · Die Schale einer Orange sehr fein reiben und beiseitestellen. Anschließend alle Orangen großzügig mit einem scharfen Messer von der Schale befreien, die Filets sorgfältig aus den Häutchen lösen und beiseitestellen.

2 · Die zurückgebliebenen Orangengerüste gut ausdrücken und den aufgefangenen Saft durch ein Sieb gießen. Mit dem Gelierzucker in einen Topf geben, gut verrühren, dann etwa 2 – 3 Minuten sprudelnd kochen.

3 · Ingwerstreifen, Orangenfilets sowie die abgeriebene Orangenschale zugeben und kurz aufkochen. Topf beiseiteziehen, Ingwersaft und Kuvertüre zugeben, die Masse umrühren und noch heiß in vorbereitete Gläschen füllen. Sofort verschließen und rasch abkühlen.

Abbildung siehe Seite 86 | 87.

Tipp:
Wer mag, verfeinert die Marmelade noch mit einem Orangen- oder Schokoladenlikör!

orangen-ingwer-marmelade mit schokolade

gurken-ingwer-lassi

1 Salatgurke
500 g Bio-Joghurt,
   eisgekühlt
einige zerstoßene Eiswürfel
5 cl Ingwerpresssaft
50 g Basilikumblätter
1 TL Meersalz

Eine tolle, belebende Erfrischung für heiße Sommertage.

1 · Gurke schälen, in grobe Stücke schneiden und salzen, anschließend etwa 1 Stunde Saft ziehen lassen.

2 · Joghurt mit zerstoßenem Eis, Ingwersaft und Gurken schaumig mixen (evtl. etwas kaltes Wasser zugeben) und gut vorgekühlte Trinkgefäße zur Hälfte damit auffüllen.

3 · Basilikum zum restlichen Joghurt geben und nochmals sehr fein mixen. Mit diesem grünen Joghurt die Gläser auffüllen und kalt servieren.

Tipps:
Die Basilikumblätter können Sie gerne durch andere Kräuter ersetzen bzw. mischen.
Finden Sie bei der Menge des Ingwersafts ihre persönliche Dosierung heraus – der eine oder andere mag vielleicht eine ausgeprägtere Schärfe!

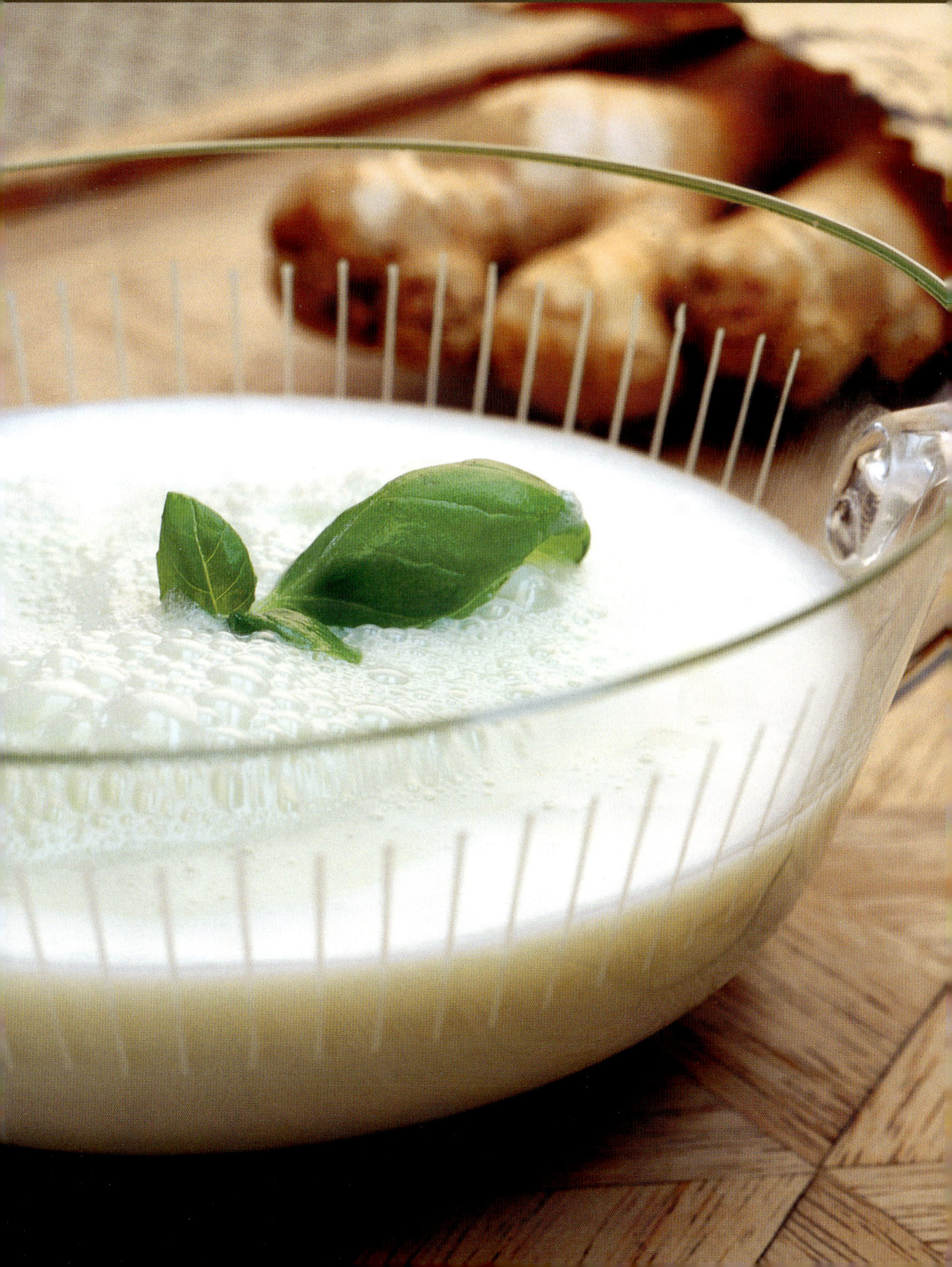

ingwer-gewürz-tee

20 g frischer Ingwer
1 Stängel Zitronengras
1 l Wasser
2 EL grüner Tee
4 kleine Bündel Zitronen-
   melisse à 10 g
Honig bzw. Kandiszucker
   nach Belieben

Je nach Jahreszeit und Geschmack können Sie die Zutaten für diesen außergewöhnlichen Ingwertee variieren.

1 · Ingwer waschen und ungeschält in feine Scheiben schneiden. Zitronengras grob schneiden, Melisse waschen und trocken tupfen.

2 · Wasser erhitzen, Ingwer, Zitronengras sowie Grüntee zugeben und etwa 7 – 8 Minuten ziehen lassen.

3 · Melissebündel in Gläser bzw. Tassen verteilen und den heißen Tee durch ein feines Sieb aufgießen.

Tipp:
In den kalten Monaten schmeckt dieser Tee auch sehr gut mit Gewürzen wie Zimt, Kardamom oder Sternanis.

ginger rhab

Dieses alkoholfreie Mixgetränk ist ein echter Magentröster. Das Rezept wurde von Barmeister Walter Fröscher aus der Mixschule Stuttgart kreiert, die Mengen sind für ein Glas berechnet.

5 ml Ingwerpresssaft
   (z. B. von Schoenenberger)
10 ml Melissenpresssaft
   (z. B. Heilpflanzensaft von
   Schoenenberger)
15 ml Bio-Topinambur-Saft
160 ml Rhabarbernektar
10 ml Erdbeersirup

Garnitur:
1 kleine Rhabarberstange
1 Stängel frische Melisse
alternativ: 1 Zitronenscheibe
   und 2 Cocktailkirschen
Trinkhalm

1 · Alle Zutaten im Shaker mit Eiswürfeln shaken.

2 · Drink in ein Longdrinkglas mit Crushed-Eis über ein Barsieb abseihen.

3 · Mit Rhabarberstange und frischer Melisse oder mit Zitronenscheibe und Cocktailkirschen am Glasrand dekoriert mit einem Trinkhalm servieren.

melonen-ingwer-saft

½ Cantaloupmelone (wie
   Cavaillon- oder Ogen-
   melone)
¾ l Ginger Ale
5 cl Ingwerpresssaft
einige Pfefferminzblättchen

Ein toller Start für eine Sommerparty – belebend und eiskalt serviert.

1 · Melonenfleisch schälen, entkernen und pürieren.

2 · Mit Ginger Ale und Ingwersaft mischen, in Gläser gießen und mit Pfefferminze dekorieren.

rezeptverzeichnis

Literaturhinweise zur wissenschaftlichen Einführung von Prof. Dr. Schilcher

Abdel-Aziz, Heba: Isolation of some Active Constituents of Zingiber Officinale and Characterisation of their Effect on 5-HT3-Receptors. Inaugural-Dissertation im Fachbereich Chemie und Pharmazie an der Westfälischen Wilhelms-Universität Münster, Arbeitskreis Prof. Verspohl, 2004, 105 Seiten.

Falch, B., Reichling, J. und Saller, R.: Ingwer – nicht nur ein Gewürz. Deutsche Apotheker Zeitung, 1997; 137: 4267–4277.

Glatzel, H.: Therapie der Dyspepsie mit Gewürzextrakten. Deutsche Apotheker Zeitung, 1970; 110: 5 – 8.

Hagers Handbuch der Pharmazeutischen Praxis, 5. Aufl. Folgeband 3, 1998, Springer Verlag: 837 – 858.

Langner, E., Greifenberg, St. und Grünwald, J.: Ingwer – Heilpflanze mit Geschichte. Balance 1997; 1: 5 – 16

Mante, K.: Zur pharmakologischen Wirkung von Ingwer. Inaugural-Dissertation am Institut für Ernährungswissenschaft, München, 1998.

Drogenmonografien der Sachverständigenkommission E, der European Scientific Cooperative on Phytotherapy (ESCOP) und der World Health Organisation (WHO), referiert in: **Schilcher, H. Kammerer, S. und Wegener T.: Leitfaden Phytotherapie,** 3. Aufl. 2007, Elsevier, Urban & Fischer Verlag, München.

Schuhbaum, H. und Franz, G.: Ingwer – Gewürz und vielseitige Arzneipflanze. Zeitschrift für Phytotherapie 2000; 21: 203–209

buchempfehlungen

Lavendel – der Duft des Südens
von Anne Simonet-Avril

Ein stimmungsvolles Porträt der traditionsreichen Pflanze des Mittelmeer-Raumes: Landschaft und Menschen, Rezepte für Kosmetik, Hausapotheke und Küche, Tipps für Lavendelanbau und -pflege, Adressen zu Festen, Gärten und Museen.
144 Seiten, 110 Farbfotos, ISBN 978-3-7550-0438-1.

Minze
Feuer und Eis für Küche und Wohlbefinden
von Lucas Rosenblatt und Theres Berweger

Es gibt über 300 Minzsorten und ihre Verwendung geht weit über Tees oder Minzsauce zum Lamm hinaus! Hier werden 28 gut erhältliche Sorten ausführlich vorgestellt, von feurig-scharf bis fruchtig-mild. Mit Tipps zum Sammeln und für den Anbau im eigenen Garten sowie vielen Rezepten für Leib und Seele.
141 Seiten, 80 Farbfotos, ISBN 978-3-7750-0444-2.

Olivenöl – schmecken, testen & genießen
von Philipp Notter und Martin Dalsass

Komprimiertes Wissen über Olivenöl, Einkaufshilfen, Verwendungstipps und die neuesten Erkenntnisse zu Sensorik, Qualität und Panels. Umfassende Informationen zu Qualitätsklassen, Anbaugebieten, Anbau- und Erntemethoden und zur Verarbeitung. Kreative Rezepte, in denen die unterschiedlichen Aromen der Olivenöle optimal zur Geltung kommen.
93 Seiten, 58 Farbfotos, ISBN 978-3-7750-0518-0.

Weitere Informationen über unsere Bücher bei:
Walter Hädecke Verlag | Postfach 1203 | 71256 Weil der Stadt b. Stuttgart | Deutschland
Telefon +49 (0) 70 33 / 13 80 80 | Fax +49 (0) 70 33 / 138 08 13
E-Mail info@haedecke-verlag.de

1435 g

1,50 €